尚书
华夏的曙光

李振兴——编撰

九州出版社
JIUZHOUPRESS

图书在版编目（CIP）数据

华夏的曙光 ： 尚书 / 李振兴著. -- 北京 ： 九州出版社，2017.7

ISBN 978-7-5108-5639-6

Ⅰ. ①华… Ⅱ. ①李… Ⅲ. ①中国历史－商周时代 Ⅳ. ①K221.04

中国版本图书馆CIP数据核字(2017)第173864号

华夏的曙光：尚书

作　　者	李振兴
责任编辑	李黎明
出版发行	九州出版社
地　　址	北京市西城区阜外大街甲 35 号（100037）
发行电话	(010)68992190/3/5/6
网　　址	www.jiuzhoupress.com
电子信箱	jiuzhou@jiuzhoupress.com
印　　刷	北京盛通印刷股份有限公司
开　　本	787 毫米 ×1092 毫米　32 开
印　　张	9.5
字　　数	185 千字
版　　次	2017 年 11 月第 1 版
印　　次	2017 年 11 月第 1 次印刷
书　　号	ISBN 978-7-5108-5639-6
定　　价	50.00 元

【总序】

用经典滋养灵魂

龚鹏程

每个民族都有它自己的经典。经，指其所载之内容足以做为后世的纲维；典，谓其可为典范。因此它常被视为一切知识、价值观、世界观的依据或来源。早期只典守在神巫和大僚手上，后来则成为该民族累世传习、讽诵不辍的基本典籍。或称核心典籍，甚至是“圣书”。

佛经、圣经、古兰经等都是如此，中国也不例外。文化总体上的经典是六经：《诗》、《书》、《礼》、《乐》、《易》、《春秋》。依此而发展出来的各个学门或学派，另有其专业上的经典，如墨家有其《墨经》。老子后学也将其书视为经，战国时便开始有人替它作传、作解。兵家则有其《武经七书》。算家亦有《周髀算经》等所谓《算经十书》。流衍所及，竟至喝酒有《酒经》，饮茶有《茶经》，下棋有《弈经》，相鹤相马相牛亦皆有经。此类支流稗末，固然不能与六经相比肩，但它各自代表了在它那一个领域中的核心知识地位，却是很显然的。

我国历代教育和社会文化，就是以六经为基础来发展的。直到清末废科举、立学堂以后才产生剧变。但当时新设的学堂虽仿洋制，却仍保留了读经课程，以示根本未隳。辛亥革命后，蔡元培担任教育总长才开始废除读经。接着，他主持北京大学时出现的“新文化运动”更进一步发起对传统文化的攻击。趋势竟由废弃文言，提倡白话文学，一直走到深入的反传统中去。论调越来越激烈，行动越来越鲁莽。

台湾的教育、政治发展和社会文化意识，其实也一直以延续五四精神自居，以自由、民主、科学为号召。故其反传统气氛，及其体现于教育结构中者，与当时大陆不过程度略异而已，仅是社会中还遗存着若干传统社会的礼俗及观念罢了。后来，台湾朝野才惕然憬醒，开始提倡“文化复兴运动”，在学校课程中增加了经典的内容。但不叫读经，乃是摘选《四书》为《中国文化基本教材》，以为补充。另成立文化复兴委员会，开始做经典的白话注释，向社会推广。

文化复兴运动之功过，诚乎难言，此处也不必细说，总之是虽调整了西化的方向及反传统的势能，但对社会普遍民众的文化意识，还没能起到警醒的作用；了解传统、阅读经典，也还没成为风气或行动。

二十世纪七十年代后期，高信疆、柯元馨夫妇接掌了当时台湾第一大报中国时报的副刊与出版社编务，针对这个现象，遂策划了《中国历代经典宝库》这一大套书。精选影响国人最为深远的典籍，包括了六经及诸子、文艺各领域的经典，遍邀名家为之疏解，并附录原文以供参照，一时朝野震动，风气丕变。

其所以震动社会，原因一是典籍选得精切。不蔓不枝，能体现传统文化的基本匡廓。二是体例确实。经典篇幅广狭不一、深浅悬隔，如《资治通鉴》那么庞大，《尚书》那么深奥，它们跟小说戏曲是截然不同的。如何在一套书里，用类似的体例来处理，很可以看出编辑人的功力。三是作者群涵盖了几乎全台湾的学术菁英，群策群力，全面动员。这也是过去所没有的。四，编审严格。大部丛书，作者庞杂，集稿统稿就十分重要，否则便会出现良莠不齐之现象。这套书虽广征名家撰作，但在审定正讹、统一文字风格方面，确乎花了极大气力。再加上撰稿人都把这套书当成是写给自己子弟看的传家宝，写得特别矜慎，成绩当然非其他的书所能比。五，当时高信疆夫妇利用报社传播之便，将出版与报纸媒体做了最好、最彻底的结合，使得这套书成了家喻户晓、众所翘盼的文化甘霖，人人都想一沾法雨。六，当时出版采用豪华的小牛皮烫金装帧，精美大方，辅以雕花木柜。虽所费不赀，却是经济刚刚腾飞时一个中产家庭最好的文化陈设，书香家庭的想象，由此开始落实。许多家庭乃因买进这套书，而仿佛种下了诗礼传家的根。

高先生综理编务，辅佐实际的是周安托兄。两君都是诗人，且侠情肝胆照人。中华文化复起、国魂再振、民气方舒，则是他们的理想，因此编这套书，似乎就是一场织梦之旅，号称传承经典，实则意拟宏开未来。

我很幸运，也曾参与到这一场歌唱青春的行列中，去贡献微末。先是与林明峪共同参与黄庆萱老师改写《西游记》的工作，继而再协助安托统稿，推敲是非、斟酌文辞。对整套书说不上有什么助益，自己倒是收获良多。

书成之后，好评如潮，数十年来一再改版翻印，直到现在。经典常读常新，当时对经典的现代解读目前也仍未过时，依旧在散光发热，滋养民族新一代的灵魂。只不过光阴毕竟可畏，安托与信疆俱已逝去，来不及看到他们播下的种子继续发芽生长了。

当年参与这套书的人很多，我仅是其中一员小将。聊述战场，回思天宝，所见不过如此，其实说不清楚它的实况。但这个小侧写，或许有助于今日阅读这套书的大陆青年理解该书的价值与出版经纬，是为序。

【导读】

先民智慧的曙光

李振兴

《尚书》，我们过去都称它为《书经》，在文字方面，它是部比较难读的书。唐代大文学家韩愈就曾经说过“周诰殷盘，佶屈聱牙”的话。虽然如此，但在专制时代，它始终被列为科举必考的书。因此，凡是想求取功名的人，就必须要读它。到了近代，科举的制度废除了，它也就失去了时代应有的价值。又因为它“佶屈聱牙”，因此也就更加无人问津了。不过话又说回来，它毕竟是我国从上古时代遗留下来的一部宝典，是“二帝三王”施政、布德、教民、养民举措的纪实。就文化方面说：它是根源，在演进的过程中，它居于中坚的地位，没有它，我们对于上古时代先民的生活情景就一无所知，即有所知，也只是一鳞半爪，这样一来，我们如谈文化的来源，也就成了问题。因此，我们如果要寻根的话，那就不能不读《尚书》。

就性质方面说：它是一部“政书”，包罗非常广泛。举凡内圣外王之理，建国君民之则，乃至天文、地理、教育、经济、官制、刑律等，无不含蕴其中，所以唐代的史学大家刘知几，在他所著的《史通》卷四《断限》中说：“夫《尚书》者，七经之冠冕，百氏之襟袖；凡学者必先精此书，次览群书。”平心而论，《尚书》这部典籍，全是我先民在生活的历程中，为满足需要而逐渐开展的文化纪实，也可以说是最纯粹的中国文化遗产。在这部书中，我们不仅可以看到化民成俗的政治措施，同时也可以窥见古代圣王法天、修德、以仁义为怀的胸襟，把它视为文化的根源，实不为过。

就实用方面说：《尚书》为我中华民族圣圣相传的智慧积累，一文物，一制度，一风尚，完完全全都是从我们民族的生活需要中产生的，绝不是凭空捏造出来的。因此，它最实用，也最有价值。它不仅包含了“二帝三王之道”，可作为永久的治国指导原则，而今我们放眼学术之林，凡是与我国固有文化史有关联的，也都会涉及它。如研究历史的人说“六经皆史”；研究地理的人说“《尚书·禹贡》为地理之祖”；研究政治的人说“《尚书》为政治史之嚆矢”；研究教育的人说“《尚书》舜命契为司徒，教以人伦”；研究经学的人说“《尚书》为六经之一”；研究文学的人说“《尚书》为散文之始”；研究天文的人说“《尚书》已有观象授时之言”；研究经济的人说“赋税在《禹贡》中，已有綦详之载”；研究工程的人说“大禹为工程师之祖”……凡此所举，都有事实的记载，绝对不是附会，而且如果继续举下去的话，尚不知凡几。仅此也就可以看出它的价值了。更何况它还包含了“二帝三王之道”，为宋人言心、言理、言性的源头！

就读此书的态度方面说：虽然《尚书》有它无上的价值，但其中的记载毕竟是属于上古那个时代，生活在现代社会中的人，当然不可能再回复到上古时代的那种情景。因此，我们仅将心情回复到《尚书》时代来玩味也就够了，就着其中的情节，作最合理的设想，以求符合那个时代，这样才能体会出先代圣王的用心。当我们心有所会、融会贯通以后，择取可用于现代者，再加以发扬光大。所谓“通经致用”，其道理就在这里。因为这部书是我中华民族圣圣相传智慧的积累，所以我们有理由相信，其中所蕴涵的至理名言，可用于当今者甚多，如尧的法天理、顺人心，舜的知人善任，禹的公而忘私、国而忘家，皋陶陈谟的修德化民，周公的忠悫、孝友等，这不都是传诸百世而皆准的大则大法？这种大则可以治国，小则可以修身的道理，只要我们愿意虚心地去体会，随处都可发现。

就文字表现方面说：本书则采取了力求浅近的做法，尽量做到深入浅出，使它大众化、通俗化，借以唤起国人研究《尚书》的兴趣，以期达到发扬固有文化的终极目标。

因篇幅有限，本书虽无法作全面的解析与探讨，但就尚有代表性的篇章，连缀起来，予以阐发，相信读者们更易掌握原典的精神面貌。

目　录

第一章　认识《尚书》

一、为什么称作《尚书》

《尚书》又称《书经》，在我国的文化演进过程中占有非常重要的地位。然而为什么称作《尚书》？如长话短说，实可一言而尽，那就是："从上古时代所遗传下来的一部典籍。"所以叫《尚书》。因为"上"与"尚"，在古代是可以通用的。换句话说，该用"上"字的地方，用"尚"字也可以代替。套句训诂学上的术语来说，就叫做"同音通假"，"尚"、"上"是同音的字，都可以借来通用。

话虽如此，可是"尚书"这一名词，却在先秦的典籍中无法找到，当时文人学士著书立说的时候，如果要引用《尚书》中的言论，只是说"《书》曰"，或是"某书曰"，根本就找不到"尚书"这两个字连用在一起的例子。如：

《论语·为政》篇说："子曰：《书》云：'孝乎！惟孝，友于兄弟。'"

意思是：孔子说：“《尚书》中有这样的记载：‘孝的功用可真大啊！只有孝，才能使兄弟之间永远友爱和睦。’”

《左传·襄公十三年》说：“《书》曰：‘一人有庆，兆民赖之。’”

意思是：《尚书》说：“在上位的国君有善政，这是全体人民所仰赖的。”

《左传·襄公三年》说：“《商书》曰：‘无偏无党，王道荡荡。’”

意思是：《尚书》中的《商书》说：“不偏邪不私党，王道的推行就坦荡无阻碍了。”

《左传·成公八年》说：“《周书》曰：‘不敢侮鳏寡。’”

意思是：《尚书》中的《周书》说：“在上位推行政令的人，要一视同仁，对于孤苦无依的可怜人，绝不能轻忽。”

《孟子·滕文公上》说：“书曰：‘若药不瞑眩（xuàn），厥疾不瘳（chōu）。’”

意思是：《尚书》说：“生病吃药，假如药服下去以后，药力不能发挥，不能使病人感到头晕眼花，那么他的病就不能好起来。

《孟子·滕文公下》说："《书》曰：'泽（jiàng）水警余。'"（按：警，《大禹谟》作儆。）

意思是：《尚书》说："（舜告诉禹）洪水警惧了我。"

《荀子·劝学》篇也说："故《书》者，政事之纪也。"

意思是：所以我说《尚书》呀，是记载政事的。

以上我们所举的《论语》、《左传》、《孟子》、《荀子》，都是先秦的典籍，当它们称引《尚书》中的言论时，不是说"《书》曰"，就是说"某书曰"，我们是找不出"尚书"一词的。然而"尚书"这个称呼，到底是怎样产生的？有关这个问题，说法非常不一致，我们从纷杂的言论中，约可归纳成三种。

1. 把《尚书》尊为天书的说法。主张这种说法的有两家：一为《书纬·璇玑钤》（xuánjī qián，一作《璇机钤》）。其中说："尚，就是上天的'上'，就好似上天垂文象，布施节度的书，也如同天体运行一样的有规律、有节度……因为它是书，所以就加上一个'尚'字，用来表示尊重的意思。"一是汉代的郑康成，他说："《尚书》的'尚'，就是上天的'上'，我们尊崇它，就如同天书一样。"（《尚书正义》引）

2. 以"上"为君主，君主的言论，为史官所记录的说法。主张这种说法的也有两家：一为汉代的王充，他在所著《论衡·须颂》篇中说："有人解释《尚书》说：'尚'，就是君上，君上的所为，被在下的人所书记。在下的人是谁？就是臣子。这样说来，那就是臣子记载君上的所为了。”一为曹魏时代的王肃，他说：“君上所言，史官所书，所以叫做《尚书》。”

3. 以为是上古之书的说法。主张这种说法的有三家：一是《春秋说题辞》（按：纬书）。其中说：“‘尚’，就是‘上’的意思，《尚书》，就是上世帝王遗留下来的书。”（《初学记》二十一、《太平御览》六百九引）二是汉代的马融。他说：“因为它是上古遗留下来的一部书，所以叫做《尚书》。”（《尚书正义》引）伪孔传大序与马氏说同。三为唐代的孔颖达。他在《尚书正义》中说：“‘尚’，就是指上代的‘上’，是说这是上代以来的书，所以叫《尚书》。”

以上所举的三种说法，我们认为《璇玑钤》的言论迂曲荒诞，而且迷信的色彩太浓，所以不足采信。然而郑康成却本着这种言论来建立自己的学说，这是不对的。我们都知道，孔子对于《易经》也非常重视，他曾经这样说：“多给我一些时间，使我从容地学《易》，就可以避免大的过失了。”可是也不曾把《易经》尊为“天易”啊！孔子曾经这样说过：“上天何尝说过话？”难道说孔子真的以为上天有书吗？

至于王充、王肃所说，那是以上为君主，以下为史官（臣子），如果我们认为这说法是对的，那实在应该说是“下书”，因为是在下的臣子所记啊！所以近人简朝亮驳斥说：“史官记录君臣的所为，难道只是记载君上的书？只是记载言论的书？”（见《尚书集注述疏》卷首）所以“二王”的说法，我们也不认为是正确的。因此，我们以为《春秋说题辞》、马融、孔颖达的说法最为确当中肯。

至于“尚”字为何人所加的问题，孔颖达则以为始于伏生（见《书序正义》），以理推测，这说法是可信的。因为在伏生以前，根本就没有《尚书》这个名称，然而伏生所著书，则名为《尚书大传》（按：此书为伏生弟子辑录其遗说而成），从此以后，如董仲舒的《春秋繁露》，太史公司马迁的《史记》，就称《书》为《尚书》了。所以我们说《书》名为《尚书》，应该从伏生开始。

最后我们还想一提的，就是《墨子·明鬼下》所说的“尚书”，与我们现在所说的《尚书》，是词同而意异的。《墨子》原文是“故尚书《夏书》，其次商、周书。”这是按照时代先后来说的。首先为《夏书》，其次是《商书》、《周书》，所以孙诒让《墨子间诂》把这句话改为：“故尚者夏书。”并注说：“尚者，旧本作尚书，王念孙《读书杂志·墨子第三》说：尚书《夏书》，文不成意，尚与上同，‘书’当为‘者’，言上者则《夏书》，其次则商、周之书也。此涉上下文书字而误。按：王说是也，今据正。”这记载，可以帮助我们了解《墨子》所说“尚书”的真正意义。因《墨子》一书，也是先秦的典籍，既然有此记载，唯恐引起误会，所以附此说明。

二、《尚书》的编集

要了解《尚书》是否为孔子所编集这个问题，可从两方面来探讨。

1. 从儒家书籍所载内容来看：前节我们已经确定了《尚书》为上古时代所遗留下来的一部典籍。就其内容来说，这部书记载了上自尧、舜，下至秦穆公的事迹，当然，尧、舜、禹、汤、文、武、周公仁民爱物、治国兴邦的大道，全蕴涵其中，且孔子又是“祖述尧舜、宪章文武”的一位大圣人，而《尚书》自然是他“祖述、宪章”的对象。更何况孔子又设教于洙泗之间，开创了平民教育的先河，传授先王的道统，受业弟子有三千人，身通六艺的有七十二人，至今，我们尊称他为“至圣先师”。然而我们要问，孔子用什么来教授弟子？要回答这个问题，最可靠的办法就是在《论语》中找答案，因为这部书是研究孔子思想言论最使人信服的著作。

《子罕》篇说：“颜渊喟然叹曰：……博我以文。”

《雍也》篇说：“子曰：君子博学于文。”

《学而》篇说：“行有余力，则以学文。”

曹魏何晏《论语集解》引马融的话说：“文者，古之遗文。”宋朱子（熹）《四书集注》说：“文，谓《诗》、《书》六艺之文。”邢昺《论语疏》说：“注言古之遗文者，则《诗》、《书》、《礼》、《乐》、《易》、《春秋》也。”

从以上三家的注解中，我们可以很清楚地知道，孔子用《尚书》作为教本，乃是必然的事情，更何况太史公在《史记·孔子世家》中又以肯定的口气说："孔子以《诗》、《书》、《礼》、《乐》教。"这更可证明我们的见解是有根据的。

孔子既然以《尚书》为教材，可是《尚书》在当时又是如何的一个情状？《史记·孔子世家》说："孔子之时，周室微，而《礼》、《乐》废，《诗》、《书》缺。"《诗》、《书》既然残缺，而孔子又以《书》作为教本，那就势必要先加以处理、排比，同时也更要作进一步的深入研究，这难道不是情理之常？要证明这些并不难，如：

《述而》篇说："子所雅言，《诗》、《书》、执《礼》，皆雅言也。"

"雅"字虽有"常言"、"正言"，即两种不同的见解，但不管采取哪一种说法，都可以拿来作为孔子对《尚书》有深入研究的证明。因为当执以教弟子或"时人"的时候，如对其内容不作深入的研究，又如何可以教人？

除此以外，在孔子平时对答时人与弟子的言论中，不时引《书》文作解，也可以证明孔子对《尚书》有深入的研究。如：

《为政》篇说："或谓孔子曰：'子奚不为政？'子曰：'《书》云：孝乎！惟孝，友于兄弟。'施于有政，是亦为政，奚其为为政！"

《宪问》篇说："子张曰：'《书》云：高宗谅阴，三年不言。'何谓也？子曰：何必高宗，古之人皆然。"

这不更可证明孔子对《书》文见解的透辟和运用的精熟？还有一点值得注意的是，孔子不仅明用《尚书》中的文句来教弟子应答时人，同时也暗衍《书》义，来说明事理。如：

《学而》篇说："子曰：巧言令色，鲜矣仁。"（这句话在《里仁》篇、《阳货》篇中也有同样的记载。）

这句话如与《尚书·皋陶谟》所载："何畏乎巧言令色孔壬"对照来看，很明显地可以看出"巧言令色"四字，是暗衍于《尚书》的。这就无怪乎陈澧在他所著的《东塾读书记》中说："巧言令色四字，孔子引《尚书》也。鲜矣仁，孔子说《尚书》也。"这种利用《尚书》的句例来说明事理的情形，如果没有深刻的体悟，又怎能说得出来？

以上所举，足可以证明孔子对《尚书》有深入的研究。既有深入的研究和体悟，而其时《尚书》又残缺不全，孔子拿来作为教材，而加以整理、排比，难道不是极其自然的事？

2. 从史籍中所载言论来看：《尚书》就文体来说，既然是典、谟、誓、命、训、诰一类的文字，那就无异于公文档案，如《周礼》有外史之职，《史记》称老聃为周代守藏室的史官，或又说他是"柱下吏"，其实说穿了，还不都是掌管此类公文档案的官吏？既然是公文档案，自没有什么次序可言，就是有次序，也难合于教材的需要。然而孔子却要拿它来作为教材教导学生，在此情况下，那就非加以编次不可了。所以在史籍中有如下的记载：

（1）《史记·孔子世家》说："孔子序《书》传，上纪唐、虞之际，下至秦穆，编次其事。"

（2）《史记·儒林传》说："孔子闵王路废而邪道兴，于是论次《诗》、《书》。"

（3）《汉书·艺文志》说："《易》曰：'河出《图》，洛出《书》，圣人则之。'故《书》之所起远矣。至孔子纂焉，上断于尧，下讫于秦；凡百篇。"

（4）《汉书·儒林传》说："孔子以圣德遭季世，究观古今之篇籍，于是叙《书》，则断《尧典》。"

根据以上所引的这些史实记载，《尚书》的编集，从孔子开始，应该是没有问题的。

三、今文《尚书》

所谓今文《尚书》，就是将原本古篆（殷、周文字）的《尚书》，改用汉代通行的隶体字书写的本子。伏生是汉代传授今文《尚书》的第一人。《史记·儒林传》说："伏生者，济南人也，故为秦博士。孝文帝时，欲求能治《尚书》者，天下无有。乃闻伏生能治，欲召之。是时伏生年九十余，老不能行。于是乃诏太常使掌故晁错往受之。秦时焚书，伏生壁藏之，其后兵大起，流亡，汉定，伏生求其书，亡数十篇，独得二十九篇，即以教于齐、鲁之间，学者由是颇能言《尚书》。诸山东大师，无不涉《尚书》以教矣。”

《史记》的这段记载，计有三件事情可说：一是伏生所传的《尚书》为二十九篇，二为伏生就是用这部书传授学生，三是伏生晚年又传晁错。其他如《史记·晁错传》、《汉书·儒林传》，甚至王充《论衡》等书，所有的记载，大都相同。

至于伏生所传今文《尚书》篇目的说法，见解也不一致，以伏生所传为二十九篇的，有《史记·儒林传》、《汉书·儒林传》、唐陆德明《经典释文》以及近人王先谦等。以伏生所传为二十八篇的，有东汉王充《论衡》、《隋书·经籍志》以及唐孔颖达等，兹述其大要如次：

1. 东汉王充《论衡·正说》篇说：“盖《尚书》本百篇，孔子以授也。遭秦用李斯之议，燔烧五经，济南伏生，抱百篇藏于山中。孝景皇帝时，始存（案：存，察也。）《尚书》，伏生已出山中，景帝遣晁错往，从受《尚书》二十余篇。伏生老死，书残不竟。晁错传于倪宽，至孝宣皇帝时，河内女子发老屋，得逸《易》、《礼》、《尚书》各一篇，奏之，宣帝下示博士，然后《易》、《礼》、《尚书》各益（增加）一篇，而尚书二十九篇始定矣。”这是说，伏生所传《尚书》为二十八篇，合河内女子的献书，增加一篇，才成为二十九篇。《隋书·经籍志》也是这种看法。它说：“至汉，唯伏生口传二十八篇，又河内女子得《泰誓》一篇。”这是主张伏生所传《尚书》为二十八篇的证明，不过《隋书·经籍志》所说却更为清楚。

2. 唐陆德明《经典释文·叙录》说：“汉宣帝本始中，河内女子得《泰誓》一篇，献之，与伏生所诵合三十篇，汉世行之。然《泰誓》年月，不与序相应，又不与《左传》、《国语》、《孟子》众书所引《泰誓》同，马（融）、郑（玄）、王肃诸儒皆疑之。”这又以为伏生所传本为二十九篇了。

3. 唐孔颖达在《尚书正义》中说：“二十九篇，自是计卷，若计篇，则三十四，去《泰誓》，犹有三十一。案，《史记》及《儒林传》皆云：伏生独得二十九篇，以教齐、鲁，则今之《泰誓》，初非伏生所得。按，马融云：‘《泰誓》后得’；郑玄《书论》亦云：‘民间得《泰誓》’。《别录》曰：‘武帝末，民有得《泰誓》于壁内者，献之，与博士使读说之，数月皆起，传以教人。’则《泰誓》非伏生所传，而言二十九篇者，以司马迁在武帝之世，见《泰誓》出，而得行入于伏生所传内，故为史总之，并云伏生所出，不复区别分析。云民间所得，其实得时不与伏生所传同也。”这是说：伏生所传为二十九卷，三十四篇，去《泰誓》三篇，则为三十一篇。

4.《汉书·艺文志》又载《欧阳经》三十二卷，《欧阳章句》三十一卷。之所以这样不同，全是由于篇目的分合所致。所谓

《欧阳经》三十二卷，是将伏生所传二十九篇中的《盘庚》分为三篇，再加上《书序》一篇。而《欧阳章句》三十一卷呢？这是因西汉人不注解《书序》，故仅有三十一篇。

5. 近人王先谦所著《尚书孔传参正》，在序例中谈到《尚书》篇目的分合问题，则又有不同的注解。他说："《汉书·艺文志·尚书》下云：'经二十九卷。'班自注：'大小夏侯二家。'颜注：'此二十九卷，伏生传授者。'先谦案：此一篇为一卷也。伏生之二十九篇，《尧典》一（原注：连慎徽五典以下），《皋陶谟》二（原注：连帝曰来禹以下），《禹贡》三，《甘誓》四，《汤誓》五，《盘庚》六，《高宗肜日》七，《西伯戡黎》八，《微子》九，《坶（今作牧）誓》十，《鸿（一作洪）范》十一，《大诰》十二，《金縢》十三，《康诰》十四，《酒诰》十五，《梓材》十六，《召诰》十七，《洛诰》十八，《多士》十九，《无佚（一作逸）》二十，《君奭》二十一，《多方》二十二，《立政》二十三，《顾命》二十四，《康王之诰》二十五，《粊（bì，一作费）誓》二十六，《甫（一作吕）刑》二十七，《文侯之命》二十八，《泰誓》二十九。"王先生又说："知《顾命》、《康王之诰》为一篇者，伪孔传序云：'伏生《康王之诰》合于《顾命》。'释文云：'欧阳大小夏侯合为《顾命》。'此其明证也。既以《康王之诰》合于《顾命》，则二十八篇矣。仍为二十九者，王充、房宏皆云：'后得《太誓》，二十九篇始定。'是后汉人见欧阳大小夏侯本皆有《太誓》，合为二十九篇之明证也。"由这段话，可知王氏以为伏生所传《尚书》，本为二十九篇，其后又得《泰誓》，乃合《康王之诰》、《顾命》为一，就篇数说，仍为二十九，可是已经不是伏生所传旧有的篇目了。

以上我们引了五家的言论，对《尚书》的篇目虽然各有说辞，但说法并不止于此，综合起来加以归纳，大约有四种主张：

第一，以伏生所传为二十八篇，《顾命》、《康王之诰》本合为一，并序一卷为二十九篇的，有朱彝尊、陈寿祺、陈乔枞三位先生。

第二，以伏生所传本为二十八篇，《太誓》后得，合伏生二十八篇为二十九篇的，有顾炎武、王鸣盛、江声、孙星衍四位先生。

第三，以伏生二十九篇本有《太誓》，《顾命》、《康王之诰》合为一篇的，有王引之、章太炎两位先生。

第四，以伏生二十九篇本无《太誓》，《顾命》、《康王之诰》，本分为二，《太誓》后得，始合《顾命》、《康王之诰》为一的，有王先谦、皮锡瑞、龚自珍、陈梦家、屈万里五位先生。

我们根据以上四种主张，再验证《史记·周本纪》所说"作《顾命》，作《康诰》(《康王之诰》)"以及《汉书·儒林传》所说"张霸分析合二十九篇以为数十"的话来看，当知《顾命》、《康王之诰》，本来就是两篇，而伏生所传授的《尚书》二十九篇，就篇数说已经够了，并不包括《太誓》、《书序》在内，所以我们认为王先谦的话最可信。

为了讲述得更明白，兹再将前引王充《论衡》、孔颖达《尚书正义》以及《汉书·艺文志》等有关伏生所传《尚书》篇数的异同，作一提要式的说明：

第一，王充《论衡·正说》篇所说的二十九篇，是将《史记》、《汉书·艺文志》、《汉书·儒林传》所说伏生传授的篇数（二十九）加河内女子所献的伪《太誓》列入今文中，又将《顾命》、《康王之诰》并为一篇。这是王充所说的二十九篇。

第二，孔颖达所说的三十四篇，是将《盘庚》分为三篇，《太誓》三篇，《顾命》、《康王之诰》又分为二。这就是孔颖达所说的三十四篇。如把《太誓》三篇去掉，就是他所说的三十一篇了。

第三，《汉书·艺文志》说："《欧阳章句》三十一卷。"王先谦说："分《盘庚》三篇故也。"《汉书·艺文志》又说："《欧阳经》三十二卷。"王先谦说："云《欧阳经》三十二篇者，并经三十一卷，序一卷数之也。经三十二卷而章句三十一卷者，西汉人不为序作解诂也。"（原注：马、郑始为序作传注。以上王先谦说，并见《孔传参正·序例》。）我们认为这种说法是对的。

四、古文《尚书》

古文《尚书》是鲁恭王从孔子的屋壁中发现的。后来此书全部为孔安国所得，并用今文来读说，因此建立了他的古文家法。证据如下：

1.《史记·儒林传》说:“孔氏有古文《尚书》，而安国以今文读之，因以起其家，逸书得十余篇，盖尚书滋多于是矣。”

2.《汉书·楚元王传》、刘歆《移让太常博士书》说:“及鲁恭王坏孔子宅，欲以为宫，而得古文于坏壁之中，逸《礼》有三十九篇，《书》十六篇，天汉之后，孔安国献之，遭巫蛊仓卒之难，未及施行。”

3.《汉书·景十三王传·鲁恭王传》说:“鲁恭王余，以孝景前二年立为淮阳王，吴楚反，破后，以孝景前三年徙王鲁（按：前三年，应作孝景三年。见《史记·孝景本纪》）……恭王初好治宫室，坏孔子旧宅，以广其宫，闻钟磬琴瑟之声，遂不敢复坏，于其壁中得古文经传。”

4.《汉书·艺文志》说:“古文《尚书》者，出孔子壁中，武帝末，鲁恭王坏孔子宅，欲以广其宫，而得古文《尚书》及《礼记》、《论语》、《孝经》，凡数十篇，皆古字也。……孔安国者，孔子后也，悉得其书，以考二十九篇，得多十六篇，安国献之，遭巫蛊事，未列于学官。”

5. 王充《论衡·正说》篇说:“至孝景帝时，鲁恭王坏孔子教授堂以为殿，得百篇《尚书》于墙壁中，武帝使使者取视，莫能读者，遂秘于中，外不得见。”

根据以上所引的五则言论，我们可以确切地知道，古文《尚书》是在孔子的屋壁中发现的，并且全部为孔安国所得，用今文来加以读说，因此也就建立了他的古文家法。但是在此五则言论中，我们却不能全以为是，如刘歆说："安国献之，遭巫蛊仓卒之难，未及施行。"班固说："武帝末，安国献之"等语，都和史实不符。我们从前文所引《汉书·鲁恭王传》，知道鲁恭王王鲁时，是在景帝三年，又知恭王的"初好治宫室"，由此推知恭王坏孔子宅得书的时间，当在王鲁的初年，王充《论衡》谓"在孝景帝时"，这说法是正确的。

至于说到献书的人，《汉书》以为是孔安国。这说法也有商榷的必要。清代的阎若璩（qú）先生对此问题，见解最为精辟，他在所著《古文尚书疏证》卷二中说："按《孔子世家》：安国为今皇帝博士，至临淮太守，蚤（按：今"早"字）卒。司马迁与安国游，记其早卒应不误，然考之《汉书》，又煞有可疑者。《兒（今作倪）宽传》：宽以郡国选诣博士，受业孔安国，补廷尉文学卒史，时张汤为廷尉。案：汤为廷尉，在武帝元朔三年乙卯（为公元前126年），《楚元王传》，天汉后孔安国献古文《尚书》，遭巫蛊之难未施行。案：巫蛊难，在武帝征和元年己丑、二年庚寅（公元前92、91年），相距凡三十五六年，汉制，择民年十八以上，仪状端正者补博士弟子，则为之师者，年又长于弟子。安国为博士时，年最少如贾谊，亦应二十岁矣。以二十余岁之博士，越三十五六年始献书，即献书而死，其年已五十七八，且望六矣，安得为蚤卒乎？"

又说："予尝疑安国献书遭巫蛊之难，计其年必高，与司马迁所云蚤卒者不合。信《史记》蚤卒，则《汉书》之献书，必非安国，信《汉书》之献书，则《史记》之安国，必非蚤卒。然司马迁亲从安国游者也，记其生卒，必不误者也。窃意天汉后，安国死已久，或其家人子孙献之，非必其身，而苦无明证。越数载，读荀悦《汉纪·成帝纪》云：鲁恭王坏孔子宅，得古文《尚书》，多十六篇，武帝时，孔安国家献之，会巫蛊事，未列学官。于安国下增一‘家’字，足补《汉书》之漏，益自信此心此理之同。”阎氏的话，实发人之所未发，就是我们现在来读这些言论，仍旧可以使我们怡然释怀。

至于刘歆《移让太常博士书》也说“天汉之后，孔安国献之”的话，清王鸣盛《尚书后案》，据宋本《文选》，也证明了刘歆《移让太常博士书》，也有“家”字。（辨孔安国序：故引之各冠其篇首后，《皇清经解》四第2595页。）由此可证，献古文《尚书》的是孔安国的后人，而绝不是孔安国本人。

其次，我们所要探讨的，就是古文《尚书》的篇目。兹先引述史料，然后再作分析。

《汉书·艺文志》说：“孔安国悉得其书（古文《尚书》），以考二十九篇（指伏生所传，不含《泰誓》），得多十六篇。”又说：“《尚书》古文经四十六卷。”班固自注说：“为五十七篇。”桓谭《新论》说：“古文《尚书》，旧有四十五卷（除序文外），为五十八篇。”唐颜师古注说：“孔安国《书序》云：凡五十九篇，为四十六卷。承诏作传，引序各冠其首，定五十八篇。郑玄叙赞云：后又亡其一篇，故五十七篇。”

根据以上所引史料，可知古文《尚书》，除与伏生所传二十九篇相同外，还多出了十六篇，这十六篇的篇目，孔颖达《尚书正义》据郑康成注书的记载是这样的：

“《舜典》一，《汩作》二，《九共篇》十一，《大禹谟》十二，《益稷》十三，《五子之歌》十四，《胤征》十五，《汤诰》十六，《咸有一德》十七，《典宝》十八，《伊训》十九，《肆命》二十，《原命》二十一，《武成》二十二，《旅獒》二十三，《冏命》二十四。以此二十四篇为十六卷，以《九共篇》共卷，故为十六。”（见《正义·尧典》疏）这个篇目，为所有的古文《尚书》家所承认。

这十六篇才是真正的古文，可惜的是并没有流传下来。其中《武成》一篇，在东汉光武帝建武年间就已经亡佚了。在未亡佚前，也没有师说（见《正义·尧典》引马融《尚书·序》）。因此，古文《尚书》在西汉时期并不显著。

这种道理，清代经学大家阎若璩知道得最清楚，他说：“古文《尚书》不甚显于西汉，而卒得立于学官者（按：平帝时曾一度置古文博士），刘歆之力也。虽不立于学官，而卒得大显于东汉者，贾逵之力也。当安国之初传壁中书也，原未有大序与传，马融《尚书·序》所谓逸十六篇绝无师说。是及汉室中兴，卫宏著训旨于前，贾逵撰古文同异于后，马融作传，郑玄作注，而孔氏一家之学粲然矣。不意郑氏而后，浸以微灭，虽博及群书如王肃、孙炎辈，稽其撰著，并无古文《尚书》，岂其时已錮于秘府而不复流传耶？何未之及也？然果秘府有其书，犹得流传于人间，惟不幸而永嘉丧乱，经籍道消，凡欧阳、大小夏侯学，号为经师、递相讲授者，已扫地无余，又何况秘府所藏区区简册耶？故古文《尚书》之亡，实亡于永嘉。”（《尚书古文疏证》）

从这段言论中，我们可以知道十六篇古文，除《武成》一篇亡佚于东汉建武年间外，其余的十五篇均亡佚在晋永嘉的丧乱中。现在我们是没有办法看到了。因此，虽然后世伪古文《尚书》的篇目，多和此十六篇相同，可都是假造的伪品，绝对不是旧有的古文《尚书》了。

为了清楚起见，兹再就前引各家有关古文《尚书》的篇目，归纳如下：

1.《汉书·艺文志》所说的古文四十六卷，以伏生二十九篇加十六篇，再加序（指小序，马、郑总为一篇）一篇，所以是四十六卷，这是一篇为一卷。

2. 桓谭《新论》所说的五十八篇，那是将欧阳、夏侯传本的二十九篇，把其中的《盘庚》分出三篇，再加《泰誓》三篇为三十四篇，加古文二十四篇（由十六篇扩大），故为五十八篇。

3. 班固之所以说为五十七篇，这是因为《武成》一篇在建武时就已经亡佚了。桓谭说为五十八篇，因谭死在建武以前。在他死时，《武成》一篇尚未亡佚。

4. 颜师古注之所以说为五十九篇，这是因为他把马、郑所总为一篇的小序又加上去的缘故。

五、伪古文《尚书》

伪造的古文《尚书》有两本。一为西汉成帝时东莱人张霸假造的《尚书》一〇二篇，一为东晋梅赜所献的古文《尚书》五十八篇。现在就分别加以说明。

1. 张霸所假造的《尚书》一〇二篇。在古籍中，揭发这种事实的记载有二：第一，《汉书·儒林传》说："世间所传百两篇《尚书》，出东莱人张霸，分析合二十九篇以为数十，又采《左氏传》、《书序》为作首尾，凡百二篇，篇或数简，文意浅陋，成帝时，求其古文者，霸以能为百两征，以中书校之，非是。霸辞受父，父有弟子尉氏樊并，时大中大夫平当，侍御史周敞，劝上存之，后樊并谋反，乃黜其书。"

第二，王充《论衡·正说》篇说："至孝成皇帝时，征为古文《尚书》学，东海张霸，案百篇之序，空造百两之篇，献之成帝，帝出秘书百篇以校之，皆不相应，于是下霸于吏。吏曰：霸罪当死，成帝高其才而不诛，亦惜其文而不灭，故百两之篇，传在世间，传见之人，则谓《尚书》本有百两篇矣。"

我们根据这两则记载，已足可确切地知道张霸所上的一〇二篇《尚书》为假造，不需再作其他方面的求证。自魏、晋以来，不曾发现有人称述，大概在汉代就已经亡佚了。

2. 东晋梅赜所上的伪古文《尚书》。关于这部伪书的来历，唐代的孔颖达，在他奉命撰写的《尚书正义》中，已经为我们引证得很清楚了。

第一，他引《晋书·皇甫谧传》说："姑子外弟梁柳边（边字疑衍），得古文《尚书》，故作《帝王世纪》，往往载孔传五十八篇之书。"

第二，他又引《晋书》说："晋太保公郑冲，以古文授扶风苏愉字林预，预授天水梁柳字洪季，即谧之外弟也。季授城阳臧曹字彦始，始授郡守子汝南梅赜字冲真，为豫章内史，遂于前晋（前晋之前疑误，当为东晋）奉上其书而施行焉。"这段记载，把古文《尚书》的授受渊源交代得又是何等清楚！

此外，在《隋书·经籍志》中也能找到有关梅赜上书的言论。《隋书·经籍志》说："晋世秘府，所存有古文《尚书》经文，今无有传者。及永嘉之乱，欧阳、大小夏侯《尚书》并亡。至东晋豫章内史梅赜，始得安国之传奏之，时又缺《舜典》一篇，齐、建武中，吴兴姚方兴于大航头得其书奏上，比马、郑所注，多二十八字，于是始列国学。"

以上所引三则言论，除都以为古文《尚书》为梅赜所献外，而《隋书·经籍志》更说所献的古文《尚书》，就是汉代孔安国用今文读说的那部《孔安国传》（至于孔安国到底有没有为古文《尚书》作传，我们留在大、小序辨疑节中再说），此传就是现在通行、被收在《十三经注疏》中的五十八篇《尚书》伪孔传。这五十八篇，是从伏生所传的二十九篇中，自《尧典》中分出《舜典》，自《皋陶谟》中分出《益稷》，又分《盘庚》为三篇，总共为三十三篇。此外又假造了二十五篇，这二十五篇的篇目是：(1)《大禹谟》；(2)《五子之歌》；(3)《胤征》；(4)《仲虺之诰》；(5)《汤诰》；(6)《伊训》；(7)(8)(9)《太甲》三篇；(10)《咸有一德》；(11)(12)(13)《说命》三篇；(14)(15)(16)《泰誓》三篇；(17)《武成》；(18)《旅獒》；(19)《微子之命》；(20)《蔡仲之命》；(21)《周官》；(22)《君陈》；(23)《毕命》；(24)《君牙》；(25)《冏命》。这二十五篇，从宋代的吴棫（yù）、朱熹、蔡沈以及元代的吴澄就有了怀疑，直到明代，梅鷟（zhuó）才参考各书的记载，举例证明为后人假造。由于他的见闻不广，在资料采集方面也不周备，所以效用不大。

但到了清代，阎若璩著《古文尚书疏证》，列举一百二十八条来指证古文《尚书》为伪造。惠栋更著《古文尚书考》，将梅赜所上的伪古文《尚书》伪造所依据的书，逐篇逐句地一一抉发其出处，并辨梅氏增多古文的谬误，竟达十九条之多。这两部书作成以后，广得《尚书》研究者的认同，而古文《尚书》的伪造，至此就成为"定谳"了。

负责总纂《四库全书》的纪晓岚，在提要中这样写道："古文之伪，自吴棫始有异议，朱子亦稍稍疑之。吴澄诸人，本朱子之说，相继抉摘，其伪益彰。然亦未能条分缕析，以抉其罅（xià）漏。明梅鷟始参考诸书，证其剽剟（duó），而见闻较狭，搜采未周，至阎若璩，乃引经据古，一一陈其矛盾之故，古文之伪乃大明。所列一百二十八条，毛奇龄作《古文尚书冤词》，百计相轧，终不能以强辞夺正理，则有据之言，先立于不可败也。”这话说得又是多么真切、生动、有力量。

我们既然披抉了东晋梅赜所上古文《尚书》是伪书，但是否还有一读的价值？如单就历史来说，除去增添一段谈资外，其余并不足重视。可是话又说回来，如果站在其对后世影响及实质的作用上说，又确有其不可忽视的价值。有关这个问题，前贤已经注意到了。如清人焦循在他所著《尚书补注》序中，就曾发表了精辟的见解。他说：“置其假托之孔安国，而论其为魏、晋间人之传，则未尝不与何晏、杜预、郭璞、范宁等先后同时，晏、预、璞、宁之传注可存而论，则此传亦何不可存而论？”

陈澧非常同意这种看法，所以他在《东塾读书记》中大加赞赏地说：“此通人之论也。即以为王肃作，亦何不可存乎？”这两位先生的话，我们认为极具卓见。更何况伪古文往往采摘古籍中的嘉言懿行为说，多可作为世人永久的法则。如《大禹谟》说：“满招损，谦受益。”《五子之歌》说：“民为邦本，本固邦宁。”《仲虺之诰》说：“用人惟己，改过不吝”，以及“好问则裕，自用则小。”《伊训》说：“与人不求备，检身若不及。”《咸有一德》说：“德无常师，主善为师。”《旅獒》说：“玩人丧德，玩物丧志。”……这不都是我们常常引用的格言？

因此，我们认为：用这些格言来修德的话，那真是“莫之为尚”；用它来教诲子弟、世人，那就既可“成己”，又可“成物”；用它来治理国家，就能够移风易俗，行美俗善。

今人戴君仁先生说："伪书尽管是伪书，好书依然是好书，所以这二十五篇伪古文，我们不看作上古的经典，三代的信史，而只当部子书，仍然是有很高的价值的。"（《孔孟学报》第一期）这见解再透彻也不过了，我们愿意举双手赞同。

六、《尚书》的大、小序

《尚书》，就其文体（典、谟、训、诰、誓、命）说，本不应有序。序之所以产生，大概是由于后来传书的人在讲解前，或就其内容或为了提醒听讲人的注意所作的解说。再不然，就是讲解完毕以后，就着内容，作一归纳整理，用一两句话来概括，使听的人容易记忆，或掌握要点。它的雏形可能是这个样子。后来与古文《尚书》同出于孔壁，再经过爱好古文的人加以修饰，于是它就成为现在我们所看到的小序了。至于大序的作成时代，是魏晋间作伪孔传的人所为，这只要一看文气、内容，就可以知道了。

谈到《尚书》所载数据的丰富与完整，恐怕要数今传《十三经注疏》中的《尚书正义》了。这部书为唐代孔颖达奉敕所撰，前有伪托孔安国所作的一篇序言，通常被称为"大序"，又把自东汉以来，马融、郑玄所注而辑为一篇的所谓百篇《书序》，分别冠在各篇的前端，因此也就有人称之为"小序"了。关于大、小序的真伪，以及作序的时代，真可谓为言人人殊，难有定说。

现在，我们仅就大的方面，略作辨说如下。

（一）大序：大序的可疑有二

1. 假如我们撇开伪不伪这个问题不谈，仅就文章而论，大序可称得上是一篇好文章。无论是其行文的语气，用字的技巧，遣辞的得法，表义的明晰，以及段落的结构，全文的布局，乃至起承转合的运用等，都已到达相当精微熟练的程度，绝非西汉人的文章所有。这一点，南宋大儒朱子（熹），最为明察，所以他说：

（1）大序不是孔安国作，只怕是撰孔丛子底人作。文字软善，西汉文字则麤（粗）大。

（2）汉文章重厚有力量，今大序格致极轻，疑是晋、宋间文章，况孔书至东晋方出，前此诸儒，皆不曾见，可疑之甚。

（3）安国序，亦非西汉文章，向来语人，人多不解，惟陈同父闻之不疑，要是渠识得文字体制意度耳。

（4）今观序文，亦不类汉文章，汉时文章粗，魏、晋间文字细。

（5）孔传并序，皆不类西京文字气象……盖其言多切表里，而训诂亦多出于《小尔雅》也。（以上所引，并见《朱子语类》卷七十八）

就大序所表现的气象、格致、软善、细微、多切表里言，朱子的话非常中肯，所见也非常真切，我们愿意举双手赞同。因为一个人的背景、环境、所受的教育，乃至思想、观念，是很难脱离那个时代的，我们只要拿西汉文章与魏晋文章一比，马上就可以看出它们的不同，假如我们拿魏晋文章和唐宋文章相较，也可以马上分辨出它们的差异，所以我们说，朱子的话非常中肯可信。

2. 大序乃以第一人称方式行文，换句话说，也就是孔安国用自己的口气，说出作传的理由和见解。因此，要证明大序之伪，最简明有力的方式，就是用“以子之矛，攻子之盾”的办法。

（1）大序说：“承诏为五十九篇作传。”这句话简直就是“凿空蹈虚”，毫不足信。也正由于它的不足信，反而给我们留下了质疑的根据。“承诏”乃何等大事，为什么《史记》、《汉书》竟然没有片言只字的记载？更何况著《史记》的司马迁，曾问故于孔安国，如其师承诏作传，当为何等光荣之事，然而何以竟然无一言提及？确实“可疑之甚”。

（2）大序又说：“会国有巫蛊事，经籍道消。”考巫蛊之事，起于汉武帝征和元年十一月，至次年七月太子自杀才算结束，这已是武帝的晚年了。假如这时孔安国还健在的话，或有作序的可能，问题是此时孔安国已经不在人间很久了，又何能知有巫蛊之事？我们都知道，司马迁尝从安国问故（见《汉书·儒林传》），然而太史公在《孔子世家》中却说：“安国为今皇帝（武帝）博士，至临淮太守，早卒。”在自序中又说：“余述历黄帝以来，至太初而讫。”是安国之死，绝不能超过太初乃可断言。考太初为武帝第七次改元的年号，太初元年为公元前 104 年。征和为武帝第十次改元的年号。征和元年为公元前 92 年。即便安国在太初四年去世（太初共计四年），到征和元年，也已有九年了。一个死去九年的人，又何能以自己的语气，来述说九年后所发生的巫蛊之事？仅此一点，就足可以使《尚书》大序之伪定谳了，更何需他求？至于作大序的时代，我们赞同朱子的说法，应该是晋、宋间人所作。

（二）小序：关于小序的作者及时代问题，说法比较多，仅就显著为人所知者，论析如次。

1. 为孔子所作：首先说小序为孔子所作者是班固。他在《汉书·艺文志》中说："《易》曰：'河出《图》，洛出《书》，圣人则之。'故《书》之所起远矣，至孔子纂焉，上断于尧，下讫于秦，凡百篇，而为之序，言其作意。"在《儒林传》中又说："孔子曰：'周监于二代，郁郁乎文哉！吾从周。'于是叙《书》，则断《尧典》。"之后的马融、郑玄、王肃诸儒，无不以此说为是。然而我们有以下的几个理由，可以推翻这种见解。

第一，首先否认此种说法的是朱子。他说："小序断不是孔子作，只是周、秦间低手人作。"其所持的理由是："《尧典》一篇，自说尧一代为治之次序，至让于舜方止，今却说是让于舜后方作。《舜典》亦是见一代政事之终始，却说历试诸难，是为受让时作也。至后诸篇皆然。"（《朱子语类》卷七十八）这是说，小序所言，与《尧典》、《舜典》的内容不符，甚至还有违理的地方。为使朱子的话得到充分的证明，下面就再作进一步的探讨。

《尧典》序说："昔在帝尧，聪明文思，光宅天下，将逊于位，让于虞舜，作《尧典》。"就序意言，作《尧典》的时间，是在让于舜后。可是《尧典》一开始即言："曰若稽古帝尧。"这显然是后人在述说古代的口气。因此我们认为朱子所指责"今却说是让于舜后方作"的话是对的。

《舜典》序说："虞舜侧微，尧闻之聪明，将使嗣位，历试诸难，作《舜典》。"简朝亮评论此序说："序言侧微，即经言侧陋也。尧闻之者，岂惟聪明乎？何不以孝德言乎？况孟子引放勋乃徂落，明称《尧典》，而历试诸难，明在放勋徂落之前，何得为《舜典》乎？此其作伪之迹显然矣。"（《尚书集注述疏》）而最可笑的是《舜典》一开始，也是来上一句"曰若稽古帝舜"，有这种乖谬的记载存在其间，又怎能不使朱子说"小序断不是孔子作"呢？

又如《典宝》序说："夏师败绩，汤遂从之，遂伐三朡（zōng），俘厥宝玉，谊伯、仲伯作《典宝》。"程廷祚《晚书订疑》评论说："案桀自鸣条奔三朡，汤师追之，而桀复奔南巢，序云俘厥宝玉，盖桀戴宝以行，而为汤师所获，因献俘以为亡国之戒可矣，书名《典宝》，则重之辞也，岂圣王而重宝玉乎？可谓名实不相符矣。"

再如《周书》中《无逸》、《立政》篇的序文，均说"周公作《无逸》、作《立政》。"然而如一察看内容，就马上可以发现这两篇都有"周公曰"的记载，周公，圣人也，应有谦德，如为其所作，又怎能自称为公？这种为后人称述的迹象，不很显然吗？

至于朱子所说小序"只是周、秦间低手人作"，也可以找出充分的证明。顾炎武先生《日知录》卷二引益都孙宝侗仲愚的话说："书序为后人伪作，逸书之名，亦多不典。至于《左传·定公四年》，祝陀告苌弘，其言鲁也，曰命以《伯禽》，而封于少皞之虚。其言卫也，曰命以《康诰》，而封于殷虚。其言晋也，曰命以《唐诰》，而封于夏虚。是则《伯禽之命》、《康诰》、《唐诰》，《周书》之三篇，而孔子所必录也。今独康诰存而二书亡，为书序者，不知其篇名，而不列于百篇之内，疏漏显然。是则不但书序可疑，并百篇之名，亦未信矣。"顾氏紧接着以称许的口吻说："其解'命以伯禽'为书名《伯禽之命》，尤为切当。"类此情形者尚多，兹不一一备举。

总之，小序之所以有如许漏洞、破绽，全是由于伪作书序的人不够博约明察。复因古时书籍，磨灭散亡的又多，而作伪序的人又未能掌握全局，洞悉事理，难免百密一疏，以致留人以口实。朱子以"低手人"相讥，诚不为过。

第二，就小序说，不仅言作意，同时也举篇名。可是在孔子之时，《尚书》的篇名还没有产生，作序又从何说起？不错，孔子以《书》教弟子也是事实（见《史记·孔子世家》），可是当他引用《书》文的时候，总是说"《书》曰"如何、如何，而绝无提及《书》的篇名的。在《论语》中曾有两次引用《书》文，一在《为政》篇，一在《宪问》篇，但均未提到篇名。假如此时已有篇名，以循循善诱的孔子，绝不可能不明指篇名而仅言"《书》曰"，故意来打哑谜折腾学生。必待《孟子》、《荀子》、《国语》、《战国策》、《左传》这些著作出现以后，不仅引《书》文言篇名，而且次数也远较《论语》为多（详情请参许锬辉撰《先秦典籍引尚书考》）。由这一事实，我们可以领悟到《尚书》篇名的出现，当在孔子之后、孟子之前的一百年间。

第三，近人唐文治《尚书大义》引其门人陈柱的话说："书序（小序）既非孔子所作，将为何人作耶？盖孔子以后，周、秦之间，传《尚书》者之所为也。太史公知之，故尝用其说而不言孔子作书序。其三代世表云：'孔子次《春秋》，序《尚书》。'《孔子世家》云：'追踪三代之礼，序《书传》。'崔述以为史文之序，当读次序之序，非序跋之序，是也。班志以为伏生古文既有序，遂误会《史记》序字以为孔子序《书》，故云孔子序《书》，明其作意，此马、郑之所本也。"此说考核明确，足以羽翼朱子。

2. 为刘歆所伪造：主张这种说法的人是康有为。他说："《尚书》古文经四十六卷，二十九卷外，并得多十六篇计之，尚缺一卷，必合序数之乃足。然则序与十六篇同出无疑。欧阳、大小夏侯皆不言序，后汉古文大行，注《尚书》者，遂皆注序，则序出于歆之伪古文明矣。"（见《新学伪经考》卷十三）

康氏的话恐怕不能成立。理由是远在唐代的孔颖达就已经否认了。他说："此序郑玄、马融、王肃并云孔子作。……郑知孔子作者，依纬文而知也。"（《尚书·尧典》小序下正义）考纬文的起源甚古，其说法亦不一致，然而最保守的说法，应该是"起于邹衍，而谶纬的造作，则昉于方士。而纬书的配经，则缘汉武帝崇儒术而行方士。"（见吕凯撰《郑玄之谶纬学》第一章第一节）《后汉书·张衡传》也说:“刘向父子……领校秘书,阅定九流,亦无谶录。成、哀之后,乃始闻之。”

当然,纬书的荒诞不足信,是人皆知情的事,所以小序绝不是孔子所作,前文已加明辨。然而纬书“昉于方士,而纬书的配经,则缘汉武帝崇儒术而行方士。”且“刘向父子……亦无谶录”,这些记载说得又是何等清楚!因此,我们说小序不是刘歆伪造。况且刘歆《移让太常博士书》说:“其古文旧书,皆有征验,外内相应,岂苟而已哉!”既有“征验,外内相应”,他又岂敢伪造?更何况当时和他一同校书的,尚有一位丞相史尹咸(《楚元王传》),他又如何上下其手?在五经博士众目睽睽之下,如其作伪,难道不会被人发现?有了这些客观的条件,足以使我们相信,古文不是刘歆伪造,小序也不是他无中生有。

康氏所说小序为刘歆伪作的话,虽不可信,然而所言“后汉古文大行”,“序与十六篇同出无疑”的话,确实不诬。就是因为小序与十六篇古文同出,司马迁“问故”于孔安国,所以才能据以作《史记》。由这一点也可证明,小序不是刘歆伪作。或谓康氏之所以言小序为刘歆伪造者,那是由于《书序》抄袭《史记》,并非《史记》采择《书序》。关于这种说法的不能成立,黎建寰撰《尚书周书考释》在《书序之作成时代》节中,已予具驳,兹不复赘。

至于小序作成的时代,朱子以为是在周、秦之间,话虽不错,不过我们却嫌这范围太大了。于此,我们认为今人屈万里先生的见解甚为可取。他说：“至于《书》序著成的时代，大抵不能早于战国末叶。盖《毛诗》之序，其著成时代，不得前乎毛公，《周易》序卦之著成，亦不能前乎战国晚年。《书》序盖亦此种风气下之产物，观乎《汤征》及《太甲》两序，皆袭《孟子》为说，则其著成时代，不得上至战国中叶，可以断言。”（《尚书释义》叙论二）

最后，仍要不惮烦言者，那就是我们既然揭发了《书序》的伪托，以及其伪托的时代，就应该对它表示一点看法，看看它对后世是否有什么影响。如有价值可言，也应该谈谈它的价值。

根据梁启超先生的说法，不辨伪，则有下列结果：

甲：史迹方面：（1）进化系统紊乱。（2）社会背景混淆。（3）事实是非倒置。（4）由事实影响道德及政治。

乙：思想方面：（1）时代思想紊乱。（2）学术源流混淆。（3）个人主张矛盾。（4）学者枉费精神。

丙：文学方面：（1）时代思想紊乱。（2）进化源流混淆。（3）个人价值矛盾。（4）学者枉费精神。（见《古书真伪及其年代》）

我们执着于此，也就是这个道理。

其次，我们认为百篇《尚书》的盛传乃由序而起。大家都知道，古文《尚书》不止百篇，这只要一查先秦典籍引《书》的篇名，就可以了然。（许锬辉的《先秦典籍引尚书考》在这方面给我们作了一个很好的整理工作。）就是到了司马迁引《书序》作《史记》的时候，所涉及《书》的篇名，也间有超出百篇以外的。

如《殷本纪》说："巫咸治王家有成，作《咸艾》，作《太戊》。"而《太戊》一篇，即不在百篇之内。同时更由于《书序》不仅"言其作意"，亦且"言其篇名"，而汉继秦火之后，焚书之令既解，而献书之路遂开。至成帝时，而"秘中"则已藏有百篇《书序》，然而却无百篇之文以应，是以成帝下诏征《书》，致有张霸百两《尚书》之伪造。我们只要看看两汉著述的记载，就可以知道百篇《尚书》的盛传了。

1. 纬书《璇玑钤》说："孔子求《书》，得黄帝玄孙帝魁之《书》，讫于秦穆公，凡三千二百四十篇，断远取近，定其可为世法者百二十篇，以百二篇为《尚书》，十八篇为《中候》。"(《尚书正义》)

2.《汉书·艺文志》说："孔子纂《书》，上断于尧，下讫于秦，凡百篇。"

3.《汉书·儒林传》说："世所传百两篇者，出东莱张霸，分析合二十九篇以为数十，又采《左氏传》、《书序》为作首尾，凡百二篇。"

4. 扬雄《法言·问神》篇说："古之谈《书》者序以百，而《酒诰》之篇俄空焉，今亡矣夫。"

5. 王充《论衡·正说》篇说："说《尚书》者，言本百两篇者妄也。盖《尚书》本百篇，至孝景帝时，鲁恭王坏孔子教授堂以为殿，得百篇《尚书》。"

以上所引五则言论，虽不尽可信，然而由此却可见当时盛传

《尚书》百篇之说。后由于贾逵作训，马融作传，郑玄作注，古文《尚书》之说，于焉大备。而其间的功、过、得、失，也似乎可以由此看出。

临了，我们不能不提的，就是《书序》虽伪，然而往往却可借以考《书》篇名以及分合的情状。小序有助于篇名的考查，固不需再加说明，就大序而言，亦有如是的功用。就《尚书》文体言，向来说《尚书》者，均以典、谟、誓、命、训、诰六体为言，虽有唐孔颖达的扩充为十体（除六体外，又增贡、歌、征、范四体），然而后人采用其说的，并不多见，大家仍旧沿用六体的说法。

其他如大序说："伏生又以《舜典》合于《尧典》，《益稷》合于《皋陶谟》，《盘庚》三篇合为一，《康王之诰》，合于《顾命》，复出此篇并序，凡五十九篇。"凡此，皆可使我们了然于伏生所传今文《尚书》篇名分合的情状，其中除《康王之诰》合于《顾命》为一篇不确定外（见王先谦著《孔传参正序例》），其余均正确无误。程廷祚《晚书订疑》二书序节说："案序于经，不足轻重，而二十八篇之外，群逸《书》赖以垂其篇名，若为稽古之一助，然前而百两之浅陋，后而二十五篇之补缀，又莫不由之而起。呜呼！秦火以后，圣经之得丧安危，岂人所能为哉！"话虽然说得很简约，却道出了《书序》的功过得失。

七、《尚书》的流传

《尚书》虽不从孔子开始，但却从孔子纂《书》以教之后，流传始广，这是不争的事实。只要我们一看先秦典籍普遍地引用《尚书》文句来说明事理，就可以明白了。像《左传》、《墨子》、《孟子》、《荀子》、《国语》、《战国策》、《吕氏春秋》等作品，没有不引“书文”以阐明事理的。由于“书文”的广泛引用，这使我们联想到一个当然的问题，那就是“书教”的普遍性。虽然“书教”是如此的普遍，可是由于史籍记载的阙如，以致我们无法得知在春秋、战国以至于秦代这一段时间内，《尚书》是怎样流传下来的。虽然也有些蛛丝马迹可寻，可是我们如欲找出一条脉络相连、确实可信的系统，也不是一件容易的事。无奈之下，我们也只好服膺孔老夫子所说的“吾犹及史之阙文”那句话了。必须到汉高祖刘邦建立起统一的大帝国的时候，《尚书》的传授才能见到端倪。

在汉代，先有伏生传授今文，文帝时欲寻求攻治《尚书》的学者，当时天下之大，竟然找不到一人。后来听说伏生攻研《尚书》，就想召他到朝中来，然而这时伏生已经九十多岁了，行动甚为不便，于是就命令太常掌故晁错到伏生那里去学习。伏生有两大弟子，一为济南张生，一为千乘欧阳生，在当时最为知名，所以汉兴以来，凡是说《尚书》的，都以伏生为宗师。

张生、欧阳生，各有传授，形成了汉代的今文派，兹据古籍所载，列一简表如下：

- 伏生
  - 1. 晁错
  - 2. 欧阳生
    - 蕳卿—夏侯胜
    - 兒宽—欧阳生子—欧阳高
      - 林尊—平当—朱普—桓荣—桓郁
      - 欧阳地余—欧阳政—欧阳歙
      - 夏侯建
  - 3. 张生 —— 夏侯都蔚—夏侯始昌（大夏侯）—夏侯胜（小夏侯）—夏侯建—张山拊—秦恭

继有孔安国传授古文：安国为孔子十一世孙，鲁恭王从孔宅壁中发现的古文，全由安国获得，并用今文来读说，因此兴起了他的古文家法。武帝时，安国为博士，官做到临淮太守，司马迁就是跟着他学习古文义法。所以《太史公书》所载《尧典》、《禹贡》、《洪范》、《微子》、《金滕》诸篇，多古文说。安国又授都尉朝（朝名，都尉姓），朝授胶东庸生（名谭），庸生授清河胡常，常授虢徐敖，敖授琅邪王璜及授平陵涂恽，恽授河南桑钦及同郡贾徽。

另外又有杜林、马融等亦传古文《尚书》，于是形成了汉代的古文派。其传授系统如下表：

- 孔安国
  - 1. 司马迁
  - 2. 都尉朝—庸生—胡常—徐敖
    - 涂恽
      - 贾徽—贾逵
      - 桑钦
    - 王璜
  - 3. ……………………杜林
    - 卫宏
    - 徐巡
  - 4. ……………………马融—郑玄

有汉一代，经学大昌，然亦由是而引起了今古文的争端，原来汉儒解经，重师承、重家法。而传授今文《尚书》的诸儒，皆有师承，也皆可溯其家法，所以明确可考。而古文因出于孔壁，初不为时人所重，是以亦未立于学官（仅平帝时一度立为博士，不久即废），及至东汉，古文嗣兴，而争端乃起。

最初仅为文字之争，后来竟演变为意气之争。今文家斥古文家为“颠倒五经，变乱师法”；而古文家则责今文家为“专已守残，党同妬真”。各守门户，两不相让，竟至水火不相容的地步。其实，今文、古文，其源本一，并没有什么不同，只不过由传授人的见解和说法不同而逐渐形成差距罢了。

这道理清代的龚自珍早已洞悉，所以他在《太誓答问》第二十四说：“伏生壁中《书》，实古文也，欧阳、夏侯之徒，以今文读之，传诸博士，后世因曰伏生今文家之祖，此失其名也。孔壁固古文也，孔安国以今文读之，则与博士何以异？而曰孔安国古文家之祖，此又失其名也。今文、古文，同出孔子之手，一为伏生之徒读之，一为安国读之，未读之先，皆古文矣，既读之后，皆今文矣。惟读者因其人不同，故其说不同，源一流二，渐至源一流百。”这话说得又是多么明达、确切、有见解！

至于汉代“尚书学”昌盛的原因固然很多，但最主要的，不外乎以下几种：

1. 治《尚书》的学者，历为帝王师。如兒宽为武帝讲《尚书》，夏侯胜为昭太后讲《尚书》，欧阳地余为元帝讲《尚书》，郑宽中为成帝讲《尚书》，桓荣为明帝师等，都是明显的例证。在专制时代，帝王至尊，能为帝王师的人，其地位的尊贵可以想见。两汉帝王，多能以治《尚书》有成就的学者为师，在这种情况下，“尚书学”又如何能不昌盛？

2. 利禄之途的引诱。尊崇、拔擢，已使人向慕从风，再用利禄加以诱劝，影响所及，那就“洵可谓为儒之途通而道亡”了。上行下效，且以此津津乐道，沾沾自喜，非唯自夸，且以夸人。如夏侯胜每于讲授《尚书》之际，对诸生说：“士病不明经，经术苟明，其取青紫，如俯拾地芥耳。”又如《后汉书·桓荣传》说：“荣大会诸生，陈其车马、印绶，曰：今日所蒙，稽古之力也，可不勉哉！”当时在邹鲁地区就有一句谚语说：“遗子黄金满籯，不如一经。”其实在当时由明经而致相位的，也确是所在多有。如韦贤及其少子玄成，匡衡、贡禹等，都是显例。所以班固在《汉书·儒林传》中慨叹道：“自武帝立五经博士，设弟子员，开科射策，劝以官禄，讫于元始，百有余年，传业者浸盛，枝叶繁滋，一经说至百余万言，大师众至千人，盖利禄之路然也。”

不过话又要说回来，任何事，有利就有弊，有益也有害，汉代经学的昌盛也难逃此一公例。就优点说，那就是：“所谈者仁义，所传者圣法。故人识君臣父子之纲，家知违邪归正之路。”就坏处说，那就是：“分争王庭，树朋私里，繁其章条，穿求崖穴，以合一家之说。”

这种情形，一直到郑康成出，始归于统一。他博学多闻，古今兼采，综合了各家的说法，以及“如有不合，便下己意”的融通，而今古文的争端才算是平息了下来。也正因为如此，他在学术史上建立了永远不可动摇的地位。

曹魏的王肃虽处心积虑地想压倒郑氏，甚至不惜造假作伪，以售其欺，虽也能逞显一时，然终不能取代郑氏的学术地位，反而暴露了自己的不正心术，因之其说不传，这也可说是罪有应得。然其解经，却能简明切要，往往有独到之处。就是清代的汉学家，虽极端厌恶其行，然也不免间引其说，这大概是“不以人废言”吧！

晋代初年，虽传王学，而郑氏学仍然流行，后来经过了一次永嘉大乱，所有经籍竟然因此而荡然无存，这真可说是我民族文化的一大浩劫。从此南北分疆划界，互不相属。东晋元帝时，豫章内史梅赜，始献古文《尚书》，时尚缺《舜典》一篇，齐建武中，吴兴姚方兴，采马、王之注，造孔传《舜典》一篇，于是始列国学，自此之后，南朝讲《尚书》者，即以此书为主，北朝则以郑注为宗。

到了隋代，虽然梅书与郑注并行，可是郑氏学甚为微弱，不能与梅书分庭抗礼，平分秋色。至唐孔颖达奉命撰述《尚书正义》，虽然采取了各家的说法，但是仍以梅书为主，且终唐之世没有不同的说法。

宋为理学的阐扬时代，因此表现在《尚书》上的特色，也以说理为长。像魏了翁专以纂集古注疏来解经的人，实在不多。一时虽也名家辈出，但均不敌蔡氏《书经集传》的流行。所以到了元朝仁宗延祐二年（公元 1315 年），定开科取士的科目，而《尚书》就以蔡传为主。至此而蔡传大行，历明迄清，在官学方面，一直奉行不废。虽然也有会选、大全、汇纂一类的综合性作品出现，尽管也以博采各家为名，但究其实，却仍以蔡传为主。其他各家，仅能站在次要以补不足的地位。这种情形，待阎若璩、惠栋著书立说以后才逐渐改观。

《尚书》传到清代，境界始宽，无论是单篇抑是大部头的著作，均有不平凡的成就。这情形就像盛唐时代的近体诗一样，真可说是琳琅满目，各有千秋。乾隆以前，为宗蔡传时代，乾隆以后，汉学家逐渐兴起，先有惠栋《九经古义》的撰述，次有江声、王鸣盛的继起，他们所宗，皆为东汉古文，多以马、郑为阐述的对象。次有戴东原的崛起士林，造诣多方，而尤长于小学，注经由声音、文字、训诂以求经义。段玉裁，固一代文字大家，他所撰述的一部《古文尚书撰异》，就是以辨文字为主。

嘉庆、道光以后，学风又有转变，那就是汉学由东汉的古文，转移到西汉的今文。首倡其说的是庄存与，相继而起的有庄述祖、魏源、陈乔枞，皮锡瑞可说是讲今文的一位殿军了。然而九江大儒朱次琦，学宗程、朱，其高足简朝亮著《尚书集注述疏》，却又颇主朱子、蔡传，训释、义理兼顾，已不再囿于今古文了。

民国以来，多承前绪，然而由于地下资料的不断发现，而研究的方向又有不同。过去研究《尚书》的学者，不主古文即主今文，再不然就是辨古文的真伪。民国以来，却转移到今文上面，如顾颉刚先生就是开风气之先的人。其后如李泰棻著《今文尚书正伪》，阐发尤为详尽。至于王国维先生，则是由研究甲骨、彝器而治《尚书》最有成就的人，他的一部《观堂集林》就是很好的证明。其他如于省吾先生的《双剑誃尚书新证》，杨筠如的《尚书核诂》，也成就不凡。在态度上，大家不再有门户之见，意气之争，一本真是真非，来从事这部古文化的探讨。这不能不说是一件可喜的事。

八、应有的体认

我们对于这部古文化——《尚书》有了以上的认识之后，似乎可以体会得出它的价值以及流传的艰辛，现在我们愿意再作几点说明。

1.《尚书》的价值。《尚书》是一部政书，不仅包括了“二帝三王之道”，同时也是“七经的冠冕，百代的襟袖”（见蔡传序及《史通》卷四《断限》第十二），单就这两项来说，价值就无法估计了，更何况除此以外，举凡行政事务上所涉及的都与它有关。别的不说，我们放眼当今著作之林，凡是与我国传统文化有关联的，也都会涉及它。如研究历史的人说“六经皆史”；研究地理的人说“《尚书·禹贡》为地理之祖”；研究政治的人说“《尚书》为政治史之嚆矢”；研究教育的人说“《尚书》舜命契为司徒，教以人伦”；研究经学的人说“《尚书》为六经之一”；研究文学的人说“《尚书》为散文之始”；研究天文的人说“《尚书》已有观象授时之言”；研究经济的人说“赋税在《禹贡》中，已有綦详之载”……以上所举，都有事实的记载，绝不是附会，而且如果继续举下去的话，尚不知凡几。仅此，就已足可看出它的价值所在了。更何况它寓有二帝三王之道，为宋人言心、言性、言理所出之处。像这样一部有价值的书，难道还不值得我们去重视、去研究吗?

2.《尚书》所遭的厄难。这是说《尚书》在流传的过程中，屡次遇到不幸与灾难，在这一段漫长的过程中，不知花费了先贤的多少心血，才能传到今天。先儒的苦心，我们是应该体察的。根据孙星衍、段玉裁两位先生的归纳，《尚书》所遭的厄难共有七次，那就是:“一厄于秦始皇的焚书，则百篇《尚书》，仅剩下二十九篇。再厄于东汉光武建武年间，而《武成》亡佚。三厄于晋朝的永嘉之乱，则自汉以来所传各家及古文，全部无存。四厄于东晋的梅赜，以伪乱真，而郑氏康成的书学，因而浸微。五厄于孔颖达，则以是为非，而马融、郑康成的注解亡于宋。六厄于唐开元时，诏卫包改古文从今文，这样一来，就是伪孔传中所存的二十九篇本文，也失去了真实性。七厄于宋开宝中，李鄂删定《经典释文》，遂使陆德明音义也全部失去了原有的面目。”这真是《尚书》的不幸。虽然如此，而今经过了前贤的搜讨、整理、校雠与阐发，才有今天这个局面，我们一方面固然庆幸生在这个文化易于阐扬的时代，同时更不可忘了，我们肩上所负的责任也比往昔任何一个时代都重大。

3. 对《尚书》聚讼纷纭的逐渐消弭。在历代研究《尚书》的过程中，最为聚讼纷纭的，自汉以来，莫过于《洪范》五行。自宋以降，则莫过于《禹贡》山川。从明代以后，莫过于今古文的真伪。汉代的《洪范》“五行说”，因有其时代背景，虽盛极一时，而今已经随着时代的进步，不攻自破了。至于《禹贡》山川，以前因舆地学的不够发达，以致影响了研究的正确性，然自胡渭、蒋廷锡、徐文靖诸儒的大著出现以后，已能廓清众说，尤其在今天地理学大明之后，大部分的地理山川，已经可以使我们就着古籍所载“按图索骥”了。

有关《尚书》的真伪问题，经过宋吴棫、朱子，元吴澄，明梅鷟，清朱彝尊、阎若璩、惠栋诸儒的钩深致远，多方的探索证明，也能像泾渭一样很清楚地摆在我们的面前。说到这里，我们心中也许会感到无限的快慰，但是快慰归快慰，却不能停止我们的研究工作。因此，首先要确定我们研究的方向，那就是要运用前人的研究成果，以民生日常的应用为前提，提出我们的见解和主张，所谓“通经致用”是也。如不能与民生需要密切配合，那就难免流于空疏、不切实际，因此也就失去了《尚书》应有的价值，这是每一位治《尚书》的人所不可忽视的。

4. 学术的崇尚。学术崇尚自由，不尚拘检。学术一定要在自由的环境中才能生根、萌芽、茁壮，而开出美丽灿烂的花朵。春秋战国时代的大放异彩，这是任何人都知道的事实。汉代经学的大昌，因素虽多，然而能得以自由的发展，不能不说是一个主要的因素，所以才能有辉煌的成就。尤其是古文“虽不合时务”（因当时崇尚今文，汉代立为博士的都是今文家），而竟能超越今文，就是一个明显的例子。所以顾炎武先生所著《日知录》卷十七“两汉风俗条”说：“三代以下，风俗之美，无尚于东京者！”我们再看看唐代，因《五经正义》的颁行，经学反而一蹶不振，明代大全出，而经学竟亡，顾先生早已慨乎言之，在学术的流衍上，这几乎成了不变的公例。

5. 爱护珍惜，发扬固有文化。这是每一位中国人无可旁贷的责任。我国为一文明古国，从古至今，历五千年，一文物、一制度、一风尚，都是从我们民族的生活需要中产生的，绝不是凭空捏造出来的。因此，它最实用，也最有价值。其间虽也曾遭到外来的冲击，然而每遭一次的冲击，却能使我们的文化愈发壮大，从这一点正可以看出我们文化的优越性。在冲击的情势下，我们为了适应当前的需要，自会加以适度的调整，并吸收外来的文化加以融合，使我固有的文物制度风尚更加充实、完美。因此，我们敢于断言，中国的文化，将永远适合于我们的民族，也将永远地代表着我国固有的传统精神。所以我们要不遗余力地来发扬、光大才是。政风淳厚、泱泱其国、彬彬其俗，难道不是我们每一位中国人所期盼的？

第二章　尧舜的治化

《尧典》所载，为尧、舜时事[①]，将尧、舜的法天、知人、仁民、爱物以及施政布德的行事，用简约朴质的文字，描绘得井然有序。细玩其文，我们对于先圣帝王的修为、形象不仅油然而起敬慕之心，同时更使我们觉得，也唯有如此，才是最为适中、最为当行，而心安理得的举措。这也就难怪历代研读《尧典》的人都异口同声地说："帝王之学，尽在于斯矣"了。

数千年来，它不只是形成了我国文化的重心，而且更为有国有家的人树立了一个永远无法改变的典型。于此，不仅可以窥探我国文化的渊源，同时更表现了一个当然之理的王道思想。孔子的祖述尧舜，孟子的言必称尧舜，固为我们耳熟能详，即使先秦各派各家，亦无不以尧舜是称。

凡此记载，可使我们了解到：往大处说，治国平天下，固然要以此为典范；往小处说，就是日常处人、应物、行事，又何尝能不讲求此"当然之理"的行为？基于这个理由，是以不揣浅陋，敢将一愚之私，冒昧地提出来，就教于方家。

一、尧的形象

古籍所载，文字虽然简质，可是如论其描绘技巧，我们细加玩味之余，觉得实不让于今人。现在就让我们来看看古人是如何刻画的。经文说：

曰若稽古帝尧，曰放勋。钦、明、文、思、安安。允恭克让，光被四表，格于上下。

仅仅用了二十七个字，就将尧的修为、形象和盘托出，使我们如见其人，如闻其声。我们现在之所以不觉得文字生动、传神，甚至还有隔膜，不能体会的感觉，这是因为语言的转变所致，现在如果把原文写成：

当古代的时候，有一位帝尧，名放勋；他敬事节用，就像日月一样，照临四方，洞察人情；治理人民，完全效法天地自然的文理，敏锐通达的思考，态度宽容、温和可亲，同时又能诚心诚意地为人民牺牲、奉献而不懈于位，更能让贤推德。因此，他的德泽，能广被四海，感通上天下民。

这样一来，对原文的隔膜不就马上可以消除了吗？不仅隔膜可以消除，同时尧的形象也就立刻出现在我们的面前。这不就是《论语·泰伯》孔子所说："巍巍乎！唯天为大，唯尧则之；荡荡乎！民无能名焉；巍巍乎！其有成功也，焕乎其有文章"吗？

由这段话，更可进而使我们体察到尧的盛德已经到了高不可及的地步。这又叫人民如何能名？一位帝王，有德如是，还不能导国家于正途，得到人民的拥护、爱戴？这种形象的建立，对后世的影响实在太大了，其价值又岂是我们可以估计的？这使得历代的帝王们，不但知所修德，同时还要知所爱民。凡不修德、不爱民的君主，均为人民所共弃。

而《中庸》所说“大德者必得其位”，《大学》所载“有德此有人，有人此有土”的见解，应当是从此产生的。我们中国的文化特色，在这里似乎也可以看出一点端倪。而仲尼的“祖述尧舜”，孟子的“言必称尧舜”，乃至形成儒家思想的中心，并非偶然。这种完全出于领悟、自觉的德治主张，不也符合现在的民主政治？起码并无冲突、违背的地方。

二、尧的治化

尧的治国化民主张由明德而亲民，这种主张为孔子所承。《论语·为政》说：“为政以德，譬如北辰，居其所而众星共之。”不正是对尧德治的阐发？既讲德治，首先要做到的就是修身。所谓修身，简言之，就是正己。亦即孔子所说“其身正，不令而行”之意。而修身之要，在于明德。能明德，方可亲民、化民，而使四海归心。所以经文说：

克明俊德，以亲九族，九族既睦，平章百姓，百姓昭明，协和万邦，黎民于变时雍。

这种由修身而亲民、由近及远、逐次推展的为政措施，显然为儒家所承。而《大学》所说“明德、亲民、修身、齐家、治国、平天下”的主张，不正是这段文字的说明？经文中的克明俊德，就是修身，亲九族就是亲民。协和万邦，就是平天下。黎民于变时雍，是写尧平天下之后的和睦太平景象。《尧典》仅用了三十个字，就能把修身、齐家、治国、平天下的大道理浑然赅括，这的确不能不使我们赞叹其描绘技巧的高明，尤其是在行文层次上的推展，更可见其已经到达了炉火纯青的地步。在这种逐渐推展的过程中，带给我们的启示就是，先圣帝王不仅贵德，而尤其贵行。也只有在行动中，方可愈见其德的可贵。《大学》所说“自天子以至庶人，壹是皆以修身为本”的训示，岂是虚言？只是我们未加深考详察罢了。

三、尧的作为

文化是随着生活的需要而产生的。换句话说，有什么样的生活方式，就会产生什么样的文化。在尧、舜的那个时代，生活文明究竟到达何种程度，现在我们虽然无法肯定，但是观象授时，经近人董作宾先生的考证，应该相信是确切不误的[②]。由于观象授时的确定，可使我们想象到，当尧舜时代，很可能已经是各部落定居下来，从事开垦，农、牧、渔兼有的时代。因为有此需要，所以才有此作为。

天文学家高平子先生说："我们先民为什么对于天象历数有这样浓厚的兴趣呢？第一是中华民族在黄河流域，很早就建立起一种农业社会。而对于季节来临的预推，是农业社会最迫切的要求。

第二是在中国传统的宗教观念里，宇宙的最高统治者——不论其名为'天帝'（多见于《诗经》），为'真宰'（见于《庄子》），为'天'（各古籍普遍应用）和有形的苍苍者天，是一而二、二而一者也。因此观象敬天，成为'天子'的一件政治上和宗教上的双重任务。"[③]又说："所谓历法者，其要在于顺应天行，制为年月日时配合之规定，以预期天象之回复，节候之来临，俾人类社会之活动，如耕种、渔牧、狩猎、航行、营建、修缮一切民生日用之作息，皆可纳入于一定周期之中，凡事有所准备。"[④]

这种见解和说法，我们是乐意举双手赞同的。因此，《尧典》中的"敬授民时"，是完全为了生活上的迫切需要而不得不有的措施，这也可说是我先民向天空发展的第一步，是值得一提的大事。经文说：

乃命羲和，钦若昊天，历象日月星辰，敬授民时。

经文中所说的“乃命羲和”，是概括的说法，包含自下文“分命”以后的羲仲、羲叔、和仲、和叔四子，命他们分别掌理春、夏、秋、冬四时的工作。郑康成认为羲、和乃重黎之后，掌天地之官。又疑羲和为羲伯、和伯。⑤

这种见解，可能是受了周官六卿所列天地四时、各有所掌，遂以为羲和为羲伯、和伯掌天地，再以下文羲仲、羲叔、和仲、和叔分掌四时，这样才能与周官六卿的说法相合。其不知周官六卿之制，在唐虞之世，可能尚未形成，是以羲和四子，不可以为六人。《汉书》百官公卿表，仍以为是命羲和四子。这种说法，我们认为才是正确的。

经文所言，一方面道出了尧的法天以授民时，同时也是尧用人的开始。他首先任命羲、和四子，敬顺天道，取法自然，观测日月星辰的运转，以求得季节上的契合，然后再将时令敬谨地传授给人民。因此在《尧典》中，也确实能分明地将春、夏、秋、冬四季不同的景象展现在我们的眼前。

您看，他写春天的景象，是多么的明晰，经文说：

分命羲仲，宅嵎夷，曰旸谷。寅宾出日，平秩东作，日中星鸟，以殷仲春，厥（jué）民析，鸟兽孳尾。

总命以后，再分别予以指派，使职有所专，所以就再特别指命羲仲为春官，居住在东海附近的嵎夷一带有个叫旸谷的地方，每天恭敬地迎接初升的朝阳，并指导人民治理春耕。等到日夜的长度相等，在傍晚朱雀星宿全部出现的时候，就依此种景象，把这天定为春分。这时人民在白天分散在田野展开春天的各项工作，鸟兽也开始交尾滋生了。这样的描述虽然很简略，但因能掌握季节的特征，所以春天的景象却能很清楚地展现在我们的面前。

春天写完之后，接着就描述夏天。经文说：

申命羲叔，宅南交，平秩南讹，敬致，日永星火，以正仲夏，厥民因，鸟兽希革。

首先在这里必须提出解说的，第一为“申命”的申字，作“重”解，这是在总命之后，又以专职分命而重申之意，与前文“分命”的分字是互文，就意义说是相同的。

第二为“宅南交”这一句，根据王引之《经义述闻》卷二说：“宅南交，当以宅南为句，交上当有曰大二字，宅南，犹言宅西、宅朔方也。曰大交，犹言曰旸谷、曰昧谷、曰幽都也。”

第三为“南讹”，伪孔传说：“讹，化也。平叙南方化育之事。”孙星衍说：“讹，俗字，当为譌。”《史记》作南为。《索隐》说：“为，依字读，春言东作，夏言南为，皆是耕作营为、劝农之事。”关于“南讹”的解说，我们认为《索隐》的说法为优。

第四为“厥民因”的因字。孙星衍以为：“《释诂》谓儴、因也。《说文》云：汉令，解衣耕谓之襄。盖以襄通儴也。”因气温上升而解衣耕作，非常合于时宜。

我们对以上的字词，先作分析了解，然后再来欣赏经文，就容易多了。那是说：再特别指任羲叔为夏官，居住在南方的大交山，劝导农民耕作，并敬谨地祭日以测量其影的长度，等到白天最长，夜晚最短，而且在黄昏大火心星出现在南方的时候，就定这天为夏至。这时人民也因气温的上升而解衣耕作，而鸟兽的毛也稀疏得可以看到皮肤。

夏天的景象既是如此，而秋天又是怎样的呢？经文说：

分命和仲，宅西，曰昧谷，寅饯纳日，平秩西成，宵中星虚，以殷仲秋，厥民夷，鸟兽毛毨（xiǎn）。

这段经文比较平易，用不着在文字上多作解释，就可看出它的含义。那是说：又特别指派和仲为秋官，居住在西土一个叫昧谷的地方，每天敬谨地送别西下的夕阳，并劝导人民从事秋收的工作，等到夜间和白天一样长，并在傍晚虚星出现在正南方的时候，就依此种景象，把这天定为秋分。这时人民和易可亲——秋收的喜悦，鸟兽也都生出了整齐洁净的新毛。

到了冬天，景象又有所不同，经文也有同样明晰的描绘。经文说：

申命和叔，宅朔方，曰幽都，平在朔易，日短星昴（mǎo），以正仲冬，厥民隩，鸟兽氄（rǒng）毛。

意思是说：又特别任命和叔为冬官，居住在北方一个叫幽都的地方，劝导人民谨慎盖藏，小心门户。冬天日短夜长，等到昴星傍晚出现在正南方的时候，就依此种景象，定这天为冬至。这时人民都躲在屋内生火取暖，鸟兽也生长出厚厚的细毛。

这种画龙点睛的描述，确实带给我们一个明晰的概念。尤其是居住在黄河流域的人民，会觉得格外亲切而真实。即使是热带的人民，看了之后，也会有分明的感觉。现在仍然在流行着的所谓“春耕、夏耘、秋收、冬藏”的农谚，大概就是我国农业社会随着季节的转移所作的实际的适应行为吧。

这种固定的分派任命，目的在使职有所专，而所谓的劝导人民耕作盖藏，也只不过是依时令的来临，告诉人民应做的准备。(《正义》云：“因春位在东，因治于东方。其实本主四方春政。”[⑥]其他各官，当可由此推知。）其主要任务，乃在观测日月的运转，气温的升降，以及动植物的生态变化，统计出一个大原则，来作为制定历法的主要参考。详细情形，而今我们无从得知，不过这种做事的方法却是非常有条理、有次序、有规则的，套句现在的话说，那也是十分科学的。

关于四宅（宅嵎夷、宅南交、宅西、宅朔方）的说法，先儒多就经文所载为释，总希望能找出一个实在的地方，故不惜多方探赜（zé)、引申，然而古史幽邈，终难详悉，是以所说不一，比较之下，愚以为三国曹魏王肃的说法较为可取。他说：“(四宅）皆居京师而统之，亦有时述职。”意思是说：负责观测春、夏、秋、冬天象的官署，均设在帝都，而测候所则设在四方经文所指之地，将他们所观测的实际资料不时地向官署报告，而各官署加以整理后，再向国家元首报告，然后再根据四方实际观测的真实记录制成历法，这当然需要一段相当长的时日。

近人丁山于其所著《羲和四宅说》一文中说：“此四方所指，窃又疑其皆京师近郊之地。……盖因羲和所居之地，立土圭，测日景，造为官府，犹后世观象台、天文台之因其职而名其官府焉。观象天文，每世之设，皆在京师，是知旸谷、幽都，必不出平阳之野（《帝王世纪》称‘尧都平阳’）。后之学者，不知于平阳四郊求羲和四宅，以九夷当‘嵎夷’，以交趾当‘南交’，以《山海经》神话之‘幽都’，当《虞书》之‘幽都’，亦见其枘凿矣。总之，《虞书》四宅，其制度盖犹晋之灵台，隋之秘书省，唐之司天台，宋之太史局，元之太史院，明之钦天监，盖观象者所居官府之名。”⑦这说法，我们是同意的。

根据以上的分析，我们知道尧的观象授时确实是一件大事，而历时亦长，由经文的记载，也可以使我们体验得出。经文说：

帝曰：咨！汝羲暨和，期，三百有六旬有六日，以闰月定四时成岁。允厘百工，庶绩咸熙。

这是观测天象的总成绩，它在当时明显的价值是“允厘百工，庶绩咸熙”。尽管古人以为太阳绕地而行，然而其日数却与现在所用的阳历（地球绕日一周所需日数）相同，均为三百六十五日又四分之一日。经文所说三百六十六日的原因是举的成数，这在古籍的注解中可以看得很清楚。至于月球绕地球一周所需的时间，是二十九日多一些，所以月有大尽（三十日）小尽（二十九日）的分别，合大小尽以每年十二个月计算，全年仅有三百五十四五日，较地球绕太阳实际所需的时间（日数）相差十余日，故必须以闰月补足其相差的日数。所以才有三年一闰，五年二闰，十九年七闰的出现。这是古人一个很大的发明，如不置闰，就难以稳定地控制季节，若干年之后，那就要春秋倒置，而冬行夏令了。

由于我们的祖先很早就发明了这样完善的历法以“授民时”，并借以厘定百官的职掌，使依时而行，所以各种事功才能在“分、至、启、闭”不失其常的状态下而分别兴盛起来。

一件事功的完成，当然要依赖于真知灼见，以及完整的计划和正确的领导，而知人善任尤不可少。读经至此，我们应该得到很大的启示才对。

堯典歷象授時之圖

林氏之奇曰日行一度月行十三度十九分度之七星者四方之中星也角亢氐房心尾箕凡七十五度斗牛女虛危室壁凡九十八度四分度之一奎婁胃昴畢觜參凡八十度井鬼柳星張翼軫凡百一十二度共爲三百六十五度四分度之一辰則日月所會也正月會亥辰爲娵訾二月會戌辰爲降婁三月會酉辰爲大梁四月會申辰爲實沈五月會未辰爲鶉首六月會午辰爲鶉火七月會巳辰爲鶉尾八月會辰辰爲壽星九月會卯辰爲大火十月會寅辰爲析木十一月會丑辰爲星紀十二月會子辰爲玄枵○蔡氏沈曰歷所以紀數之書象所以觀天之器如下篇璣衡之屬是也日陽精一日而繞地一周月陰精一月而與日一會星二十八宿衆星爲經金木水火土五星爲緯皆是也辰以日月所會分周天之度爲十二次也

⊙ 图一　此图取自《钦定书经传说汇纂》卷首上，插此聊供参考

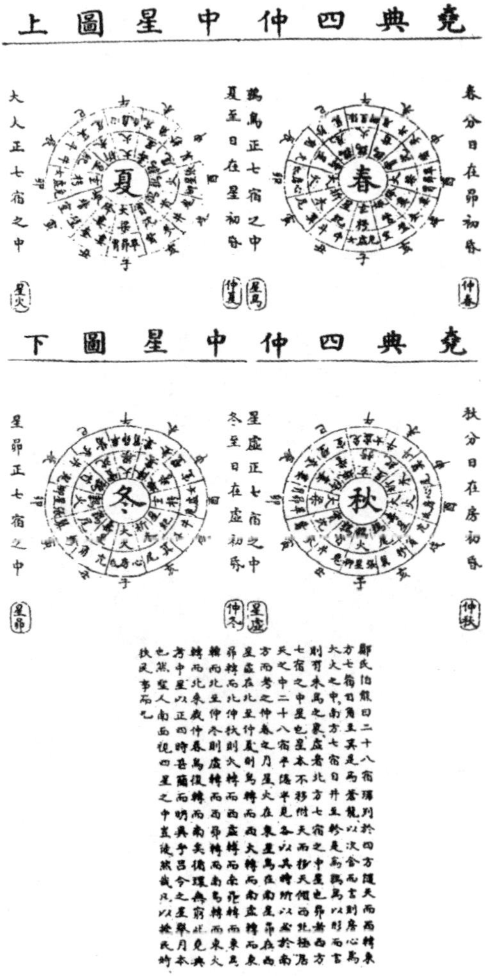

堯典四仲中星圖上

春分日在昴初昏

仲春

鶉鳥正七宿之中

星鳥

夏至日在星初昏

仲夏

大火正七宿之中

星火

堯典四仲中星圖下

秋分日在房初昏

仲秋

星虛正七宿之中

星虛

冬至日在虛初昏

仲冬

星昴正七宿之中

星昴

鄭氏伯熊曰二十八宿環列於四方隨天而西轉東方七宿自角至箕是爲蒼龍以次舍而言則房心爲大火之中。南方七宿自井至軫是爲鶉鳥以形而言則有朱鳥之象。虛者北方七宿之中星也。昴者西方七宿之中星也。星本不移附天而移天傾西北極居天之中二十八宿半隱半見各以其時所以必於南方而考之仲春之月星火在東星鳥在南星昴在西星虛在北至仲夏則鳥轉而西火轉而南虛轉而東昴轉而北仲秋則火轉而西虛轉而南鳥轉而東昴轉而北至仲冬則虛轉而西昴轉而南鳥轉而東火轉而北來歲仲春鳥復轉而南矣循環無窮此見典考中星以正四時吾藹而明與予呂今之星舉月本也然聖人南面視四星之中豈徒然哉凡以授民時秩民事而已

⊙ 图二　出处：见图一下

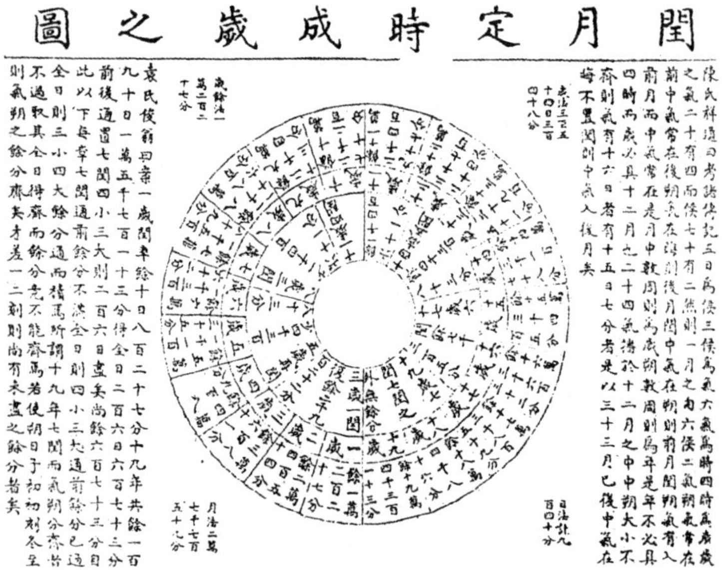

⊙ 图三　出处：见图一下

四、尧的求贤

我们遍观中外古今，凡有道之君，明哲之主，未有不求贤若渴以治其国的。一人的知能有限，而众人的才力无穷，是以欲有所作为，必借众贤人的力量，方克有济，舍此而期于国治，那无异于缘木求鱼。尧本来就是一位圣君，不仅有见于此，而且也为后世立下了典范，兹就其任事、让国二端，分别言之于后。

（一）求贤任事

才难之叹，无世无之。而当尧之时，求贤任事，尤其不易。由以下经文的记载，足可以支持我们的这种看法。经文一则说：

帝曰：畴咨若时登庸？放齐曰：胤子朱启明。帝曰：吁！嚚（yín）讼可乎！

尧有感于求贤的不易，而一人之所见有限，所以才发出“谁能顺应时势为我举荐贤才”的慨叹。这是一个最基本的问题，如这个问题能得到圆满的解决，其他问题均可迎刃而解，根本也就用不着多事征求了。大臣放齐马上就向帝尧推荐说：“您的胤子丹朱有知人之明，他一定可以把这个工作做得很好。”帝尧以很惊异的口吻说：“丹朱，他口不道忠信之言，又好逞口舌之争，如何可以！”再则说：

帝曰：畴咨若予采？驩兜曰：都！共工，方鸠僝（zhàn）功。帝曰：吁！静言庸违，象恭滔天。

当尧之时，所面临的问题，就经文所言，是百事待举。在这种情况下，焉有圣君在位而不积极从事于各种建设、谋求增进人民福祉的？统筹运用人才的人既不可得，因而只有退而求其次，所以他也就于不知不觉间发出了“谁能顺利地为我完成国家各种建设”的嗟叹。由此也就可以看出尧无时不以国事为忧，不以民生为怀的心胸了。四凶之一的驩兜向帝尧推荐说：“共工可以，而今他正在聚集人民、从事各种建设呢！”帝尧听了之后，马上长叹一声说：“噢！他说话非常动听，可是当他实际从事的时候，却往往违背命令，在表面看来似很恭顺，其实却没有比他再傲慢的了，因为他最善于阳奉阴违。”三则说：

帝曰：咨！四岳，汤汤洪水方割，荡荡怀山襄陵，浩浩滔天。下民其咨，有能俾乂！佥曰：於！鲧（gǔn）哉。帝曰：吁！咈（fú）哉！方命圮（pǐ）族。岳曰：异哉！试可乃已。帝曰：往，钦哉！九载，绩用弗成。

高重源说：“近年地质学家就冰山、冰川所存留的古代遗迹，证明欧美各洲在洪荒之世，均有洪水的迹象。我国江河发源的地方，今尚存有雪山冰川不少，可知古代洪水之患，并非我国特有的事情。”[8] 验诸我国古籍所载，这说法是不错的。

既然尧时有洪水为害，而尧又是一位圣君，治理洪水应为当务之急，这也是不容置疑的。所以当尧目睹“滚滚大水，无边无际，围绕着大山，淹没了丘陵，浩浩滔天，正在为害着地方，人民也无不在叹息”的情况下，也就不自觉地发出“有没有能治水的人呢”悲悯之言。当时诸侯之长的四岳及在朝的众大臣同声回答说：“鲧可以。”哪知帝尧对鲧早已有所察知，立即说：“不可以，他违抗命令，处事不合常理，不能与同事和睦相处。”四岳向尧建议说：“就请先举用他吧！试用可以的话，再正式任命好了。”在这种不得已的情形下，尧也只好勉强为之了。所以他就接着说：“那就让他去治水吧！不过要敬慎从事啊！”后来经过九年的漫长岁月，鲧并没有完成治水的任务。

从以上三段经文的叙述中，我们不仅可以深切地了解尧有知人之明，而更重要的是他那大公无私的风范，以及不遮掩其“教子无方”的家丑。这都是常人所做不到的。由于尧能知其子的“嚚讼”之恶，故能不以一人病天下。驩兜、共工，为四凶之二，互相推荐，尧深知其“静言庸违，象恭滔天”，是以不用。而最后的用鲧，实因当时“未得能者故也”[9]。因此，虽然明知其“方命圮族”，可是面对“汤汤洪流”，耳闻“下民嗟叹之声”，又如何能不姑且一试，以希望人民的痛苦早日得以解除呢？后以事实证明，尧的观察是丝毫不爽的。这不就是尧有知人之明的确证？

（二）推德让国

研究古史的人，都承认在尧、舜那个时代，还是氏族部落时代，而尧就是那个时代的共主。由《尧典》经文开头那一段的记载，再加上历史演进的真相，足可使我们想象到尧不但有其人，而且也确实是一位明哲的圣君。就时代来说，共主的推举与禅让也是时代的要求，这与后世的世袭制当然不可同日而语，但也不如后人所说的那样崇高而不可及。这一点时代的要求，我们是应该了解的。由于帝尧本身道德修养好，再加上时代的要求，所以当他年老的时候，就不能不预作继承人的安排，或是让位的打算了。所以经文说：

帝曰：咨！四岳，朕在位七十载，汝能庸命，巽朕位。岳曰：否（pǐ）德，忝帝位。曰：明明扬侧陋。师锡曰：有鳏在下，曰虞舜。帝曰：俞，予闻，如何？岳曰：瞽（gǔ）子、父顽、母嚚、象傲，克谐。以孝烝烝，乂不格奸。帝曰：我其试哉！

根据尧的考察，以四岳能用命尽职，是理想的继承人选，所以当他在位七十年的时候，就打算把帝位让给他。然而四岳不仅是一位有德的人，同时也是一位有自知之明的人，所以他立刻回答说："我无懿德，那将会玷辱帝位的。"⑩

四岳既不愿接受，当然尧也无法勉强，于是说："既然您不愿接受，那就请明举现在官位的贤哲，或是无职在野而有美德的人吧！”于是众官员就向帝尧推荐说：“在虞地方，有一位叫舜的人，可以担当大任。”尧说：“是的，我曾有耳闻，然而此人的实情究竟如何？是否可以说得具体些？”四岳回答说：“他是盲人的儿子，父亲做事，不遵循德义的常规，母亲是一位口不道忠信之言的人，弟弟叫象，又傲慢不友善，可是舜处在这样的家庭环境中，反而能使家庭和谐，用孝来感动家人。由于舜的修身自治，才使得象不至于成为一个大奸恶的人。”尧听后说：“既然如此，我就先试试他吧！”

在这段君臣对话中，我们感受到的是：尧不仅能对在朝的人臣察深了切，同时对于在野的人民也能注意其修为善行。虽然四岳把舜的作为形象描述得这样具体详细，可是尧仍要对他做各方面的试验，看他是否真能担当大任。这种敬慎不苟的作为，是值得我们后人效法的。这并不是不信任，而让国又是何等重大之事，万一有所不当，则国脉民命将遭无可弥补的灾殃，又焉可不慎！因此必须“试可乃已”。现在我们就循着经文的记载，来看看尧对舜是如何试验的。

第一，以二女嫁舜，以观其“刑于寡妻”⑪。经文说：

女于时，观厥刑于二女。厘降二女于妫汭（guī ruì），嫔于虞。帝曰：钦哉！

王天与《尚书纂传》卷一引朱子的话说：“女于时，观厥刑于二女，皆尧言也。厘降二女妫汭，嫔于虞，乃史臣纪尧治装，而下嫁二女于妫汭，使为舜妇于虞也。”这说法，可以去后人将“女于时”的“女”字视为衍文之疑[12]。尧之所以这样做，不外“以治家观治国”[13]，因为“家难而天下易，家亲而天下疏也。家人离，必起于妇人，故睽次家人[14]，以二女同居而志不同也。尧之所以厘降二女于妫汭，舜可禅乎？吾兹试矣。是治天下观于家、治家观于身而已矣。”[15]

宋时澜《增修书说》卷一说：“尧之试舜于家庭之事而观之，可以见身修而后家齐、家齐而后国治、国治而后天下平之理。虽然舜已居父母兄弟之难，尧又举而置之天下至难之地，何则？仰事之工夫方纯一而烝烝，加之以俯育，亦或足以分其力。顽嚚之父母，一毫不至，则怒随之，天子之女，一毫不满，则怨随之。致顽嚚于其前，致贵骄于其后，左右前后皆陷阱也。尽力于父母，则妻子之间容有未尽；垂情于妻子，则父母之间必有不满，此人情之至难。舜能使二女行妇道相与以致其孝，而事父母之道益至，所居愈难，功用愈到，奸者可乂，贵者可降，尧观之详矣。”时氏所言，可谓尽情尽理，不需再加辞费。至此，我们对于经文的蕴义，也就可以洞悉无碍了。

第二，使布五教，而人民无违之者。经文说：

慎徽五典，五典克从。

《史记·五帝本纪》说：“尧试舜五典百官，皆治。”郑康成说：“五典，五教也。盖试以司徒之职。”[16]五典，就是我们后人所说的五伦、五品、五常的意思。《左传·文公十八年》解为：“父义、母慈、兄友、弟恭、子孝。”而《孟子·滕文公上》篇则说：“父子有亲，君臣有义，夫妇有别，长幼有序，朋友有信。”后人以《孟子》所说义为完备，故多从之。

这种举措，可能是我国典籍中最早有关教育措施的记载，而且这种措施是极其必要的。所以舜继尧而有天下之后，马上就派契为司徒，担负起“敬敷五教”的工作。因之《孟子》亦大加发挥其义说：“饱食暖衣，逸居而无教，则近于禽兽，圣人有忧之，使契为司徒，教以人伦。”[17] 因此，后世谈教育的人，无不推本于舜的敬敷五教。就现有资料所及，我们实亦可说，这是我国有教育措施的开始。

第三，使掌百揆，官务皆修。经文说：

纳于百揆，百揆时叙。

百揆，史公作百官，这是说，使之遍历百官之事，结果，莫不秩然有序。《左传·文公十八年》说：“使主后土（地官），以揆百事，莫不时叙。”又说：“百揆时叙，无废事也。”以及《孟子》所说：“使之主事而事治。”[18] 都是指此而言。这种揆度百事的工作，不就是内政吗？

第四，使掌傧导接待，诸侯皆敬。经文说：

宾于四门，四门穆穆。

宾，当读如傧，作导字解，指迎导诸侯群臣而言。这是说，四方朝觐的诸侯，全由舜来负责导迎，结果使得各方诸侯无不具有美德。《左传·文公十八年》说："四门穆穆，无凶人也。"《史记》说："诸侯远方宾客皆敬。"这种傧迎的工作，以今言之，相似于外交。

第五，使处非常，以观其行。经文说：

纳于大麓，烈风雷雨弗迷。

《史记》说："尧使舜入山林川泽，暴风雷雨，舜行不迷。"宋蔡沈《书经集传》亦师此义说："遇非常之变，而不失常。"这是说，舜处于大自然的恶劣环境中，虽经不寻常的烈风雷雨之变，而仍能镇静如恒，安然而处，且无所迷惘。于此，亦可证其足担大任，是以太史公说："尧以为圣。"不过后世对此句经文尚有异说，如刘逢禄《尚书今古文集解》说："纳于大麓，孟子所谓：'使之主祭而百神享之，是天受也。'[19]烈风雷雨弗迷，谓风雨时节，百谷顺成也，乃神享之征。"近人曾运乾《尚书正读》也说："此即礼所云：因吉土以飨帝于郊，而风雨节，寒暑时也。"[20]我们如就古人的观念推之，这种说法，亦甚合理，因自尧以女妻舜，至四门穆穆，所言皆为人事，人事和洽，然后荐于天，而天亦受之，此为天与人归之验，故《孟子》说："天子不能以天下与人。"[21]

以上为尧对舜考验的历程，舜通过五种严格考验后，尧始放心将国家大事交付掌理，所以经文说：

帝曰：格汝舜，询事考言，乃言厎（zhǐ）可绩，三载，汝陟帝位。舜让于德，弗嗣。

经过三年的试验，以之谋事而事成，以之所言可致功。尧的知舜，可谓审矣。所以帝尧说：舜啊！你是可以即帝位了。然而舜却谦而不受，欲将帝位让于有德之人。这一切的进行，又是多么的自然与和顺，其间没有丝毫勉强的成分，完全就着事理的法则，而表露出情理的常态，是以宋人时澜《增修书说》卷三：“询其事，考其言，诚可厎绩，至三载之久，方命以位者，盖位非尧之位，乃天位也。尧虽知舜，节次经历，皆不可少，时到理到以及于用，尧顺之而已。舜历试气象，如春气所至，随其枝叶脉络，自然生意发越也。”这见解非常正确。

至于经文所说的“汝陟帝位”之意，我们认为只是让舜执行天子之事，代行其职务，并不是使舜即位天子，这只是尧决心让位的话。因尧老而不堪执行繁重的事务，是以使舜先行摄政，最后使之“陟位”，并不是尧在而使舜陟位。我们之所以作这样的论断，由以下经文“舜受终于文祖”，可以得到充分的证明。太史公在《五帝本纪》中，也支持我们的这种看法。必到经文所说“舜格于文祖”以下，才是记载舜的即位。至于舜的“让德、弗嗣”，由此正可看出舜有做大事不做大官的胸襟。孙中山先生的思想不正是渊源于此？除此之外，更可以使我们体会得出圣人“将任天地万物之责”，其心“自有惕然如不胜之意”的情怀。以此而论，“让德、弗嗣”又是何等真诚的自然举措！

五、舜的摄政

经过三年各方面的试验，由于舜的举措、言动，皆可“致绩”，尧于是决心使舜摄行政事。是以经文说：

正月上日，舜受终于文祖。

这是说：尧于是在正月上旬选了一个好日子[23]，在文祖庙中[24]举行舜受终事的大典，从此以后，国家大事就由舜来全权处理了。太史公说：“帝尧老，命舜摄行天子之政，以观天命。”简朝亮《尚书集注述疏》也说：“蔡氏以舜为摄位，谓尧终帝位之事，而舜受之，非也。孟子曰：‘尧老而舜摄也。’又称孔子曰：‘天无二日，民无二王。’由是推之，苟摄位也，是二天子矣。尧崩三年丧毕，舜为避尧之子，不即践位，孟子称之，摄位则奚避乎？虽避亦伪也。朱子曰：‘舜之摄，盖行其事也，不居其位’。”我们反复于《孟子·万章上》篇所言，认为太史公、简氏的话，甚为合理。[25]以下就让我们来看看舜摄政后的举措吧！

（一）观天象，以定轨则

经文说：

在璇玑（xuán jī）玉衡，以齐七政。

玑，一作机。齐，作定字解。这是说：舜首先用观测天象的器具——璇玑玉衡，来观察天象，来订定日月星辰运行的法则。前文我们曾言，尧的大措施，就是观象授时。而舜摄政，第一件事亦如尧之所为，于此可见古人对天文气象的重视。既重天时，当有迫切需要。然而在何种情形下，才有此迫切需要？这不难想象。如渔、牧、农垦等，都需要这方面的知识，而尤以农业为最。

（二）类上帝、禋（yīn）望群神

经文说：

肆类于上帝，禋于六宗，望于山川，遍于群神。

祭告的名称，于上帝（天）称“类”；于六宗——四时、寒暑、日、月、星、水旱名“禋”；于山川叫“望”。这种遍告天地山川群神的祭典，在古代几为必然。即使在后世专制帝王时代，亦不可免。其用心不外祈求众神明护佑“国泰民安、风调雨顺”

以及其本人的身体健康等。在古代，则着重于报答天地生育万物之恩，其意义甚为深远，不可全以迷信视之。

（三）明政情，以觐岳牧

经文说：

辑五瑞，既月乃日，觐四岳群牧，班瑞于群后。

舜既摄政，为齐一政治的水平，使天下所有的人皆得蒙其恩泽，最直接的办法，当为先行接见四岳群牧，垂询其政情，以了解民生的休戚、风俗的利病以及政治上的得失。如认为四方的群牧、诸侯皆能称职，则将瑞信之物（官印）颁还其君，使归国治民。如有过失，则收其璧，待改过后再行颁发。所谓“辑五瑞”，《史记集解》引马融的话说：“辑，敛也。五瑞，公侯伯子男所执，以为瑞信也。尧将禅舜，使群牧敛之，使舜亲往班之。”马氏的话，除最后一语“使舜亲往班之”有待商榷外，其他所说都能与经义相符。至于“既月乃日”一语，史公作“择吉月日”，意思是：选定适当的时间。如就全段经文来看，我们现在可以说成：舜摄政后，为了齐一政治水平，所以选定最适当的时间，接见四岳群牧，并将尧事先令群牧收集来的五瑞再颁发给他们。

(四) 巡所守，以协制度

经文说：

岁二月，东巡守，至于岱宗，柴。望秩于山川，肆觐东后，协时、月、正日，同律度量衡。修五礼、五玉、三帛、二生、一死、贽。如五器，卒、乃复。五月，南巡守，至于南岳，如岱礼。八月西巡守，至于西岳，如初。十有一月，朔巡守，至于北岳，如初。归。格于艺祖，用特。

前文所言，觐见四岳群牧，仅为当面垂询，以明政情。而今又巡所守于天下，就无异于实地考察了。其主要任务为召见地方诸侯，协调、确定四时的月份及日数，统一法制、尺寸、升斗、斤两的标准，并修明五礼的仪节：规定五玉的大小尺寸、三帛的颜色以及二生（羔、雁）、一死（雉）的见面礼，使得行礼的五器各如其当。此等事情完毕之后，就马上派人将办理的经过情形向尧报告（回复）。直到遍巡四方，才回到京师，到艺祖庙祭告，至此，巡守始告结束。

(五) 定巡守朝觐之制，以察吏治民

经文说：

五载一巡守，群后四朝，敷奏以言，明试以功，车服以庸。

前文我们说明了舜的巡行天下，其意在作实地的考察，以作垂询的验证。这种举措，可能使舜不仅大有所感，更大有所得，所以才有天子五年一巡守四方诸侯，并于其间四年，诸侯分别来朝京师的定制。所谓“敷奏以言”，就是述职。而“明试以功”，就是考绩。“车服以庸”，就是酬功。所言与行事相符，而又著有功绩，那就当然要赏以“车服”了。这是行政上的不二法门，舍此，又将何以激劝？

（六）复行经略，俾便治理

经文说：

肇十有二州，封十有二山，浚川。

相传，古本有九州的说法，其名为冀、兖、青、徐、荆、扬、豫、梁、雍，《禹贡》因其旧。舜以冀、青二州土地辽阔，所以始分冀东为并州，东北为幽州。分青州东北为营州。孙星衍《尚书今古文注疏》引郑康成的话说：“新置三州，并旧为十二州，更为之定界。”并且于每州中，择取大山作为祭祀的主山，这就是经文所说封的含义了。据《周礼·职方氏》所说，九州皆有山镇，“扬州会稽，荆州衡山，豫州华山，青州沂山，兖州岱山，雍州岳山，幽州医巫闾，冀州霍山，并州恒山。”凡九，其余的山镇就无文可考了。所谓浚川，乃指疏浚十二州的河川，兴修水利以养民的意思。舜摄政所以能着眼于此，这与他的巡守天下不无直接关系。

（七）慎刑罚，以惩不悛（quān）

经文说：

象以典刑，流宥五刑，鞭作官刑，扑作教刑，金作赎刑，眚灾肆赦，怙终贼刑。钦哉！钦哉！惟刑之恤哉！

刑罚之设，为圣人所不得已。宁可不用，然不能不设而预为之防，否则将何以惩元凶而劝向善？是以时澜《增修书说》卷二说：“舜有肉刑之制，乃所以深爱天下后世也。”这话说得确实有见解。经文之义是说：舜摄政当国，为使人民免于误触法网，所以示民以常刑，使知所警惕。至于对那些犯了墨、劓、剕、宫、大辟五刑的人，则以流放的方法来从宽处理。

另外，在官府中，则有鞭刑，在学官则有榎（jiǎ）楚之刑，以惩罚那些不率教而犯礼的人。然而这些惩罚，都是可以出钱赎罪的。至于无心的过失，则可以赦免其罪，对于怙恶不知悔改的人，则加重处罚。在执行的时候，不管对哪一种刑责，都要特别小心慎谨，公正无私，使刑期无刑。事实上，当舜之时，肉刑不曾使用，以下经文所述，可以支持我们的这种见解。

（八）流四凶，天下咸服

经文说：

流共工于幽州，放驩兜于崇山，窜三苗于三危，殛鲧于羽山，四罪而天下咸服。

在《孟子·梁惠王下》篇，有这样一段记载："左右皆曰可杀，勿听；诸大夫皆曰可杀，勿听；国人皆曰可杀，然后察之，见可杀焉，然后杀之。故曰国人杀之也。"一个人作恶，一旦到了为法理所难容，为国人所痛恨的地步，在这种时候，仍不能断然作大快人心的处理，这对执法者来说，不是包庇就是不明察；对国家元首来说，不是昏聩无识，就是懦弱无能。这当然会造成大众群起效尤，一旦大势形成，欲国之不亡，岂又可得？舜的此种举措，可使我们想见他确实是一位有作为的人，不仅有胆有识，而且有勇气有担当。何以知之？因为四恶之三的共工、驩兜和鲧，尧尝用之为臣，虽然帝尧已知他们有时"静言庸违"，"丑类恶物"，"方命圮族"，但亦未尝无劳，是以终能"宽而容之"。而对三苗的不驯，总希望其能自行悔改，故亦未惩罚。今舜流放四凶，足见其有死罪之实，已经到了不可宽恕的地步，故舜流放四凶，而天下咸服。这不又可证明舜的慎刑吗？

简朝亮《尚书集注述疏》说："以上九节言之（按：自"正月上日，舜受终于文祖"至"四罪而天下咸服"），祭告之礼，朝见之章，巡守之制，历象而观天，山川而察地，赏功刑罪而治人，此万世之文也。文者，敬明所发，其思无穷焉。皆放勋之德，格于上下，尧老舜摄而终其事也。"简氏的话，无异给我们作了一个系统的归纳、整理，使我们得以对前述经文能有明确的见解与更深一层的认识，我们非常感谢。

其次在这里尚需一提的，那就是郑康成对经文"四罪而天下咸服"所作的注脚。他说："禹治水事毕，乃流四凶。舜不刑此四人者，以为尧臣，不忍刑之。"[26]郑氏所言"舜不忍刑尧臣"是对的。如说禹治水事毕始流放四凶，这话恐怕就不对了。三国魏之王肃说："若待禹治水功成，而后以鲧为无功而殛之，是为舜用人子之功，而流放其父，则为禹之勤劳，适足使父致殛，舜失五典克从之义，禹陷三千莫大之罪，进退无据，亦甚迂哉！"[27]

清刘逢禄《尚书今古文集解》说："舜流四凶，盖在询事考言、三载之中。左氏所谓四门穆穆，无凶人也。史臣类纪在摄位之末，所谓先德教而后刑罚，非顺时事。《洪范》亦言：鲧则殛死，禹乃嗣兴。郑氏之误，王肃驳之当矣。"刘氏的话，我们认为除"摄位"一词应改为"摄政"外，其余所言均深具见解。

以上所述，皆舜在摄政期间重要的举措且最具绩效者，我们从这些举措中，不仅可见舜的大才，更可见舜的大德。这看法可在经文中得到证明。经文说：

二十有八载，帝乃殂落，百姓如丧考妣。三载，四海遏密八音。

舜摄行政事，二十有八年而尧崩，当时百姓之哀痛，如丧考妣，且“三年四方莫举乐以思尧”。由此可见百姓感戴尧恩德之深。二十八年，为时亦不能算短，而百姓犹以尧为念，足见舜所推行的皆为尧的政令，所有的举措皆为尧的德意，无一言一行有违于尧。非有大德的人，谁又能做到这种地步？《后汉书·李固传》说：“昔尧殂之后，舜仰慕三年，坐则见尧于墙，食则见尧于羹，言不忘也。”如尧不能有德于舜，舜又何能如是不忘？这不正显示出尧的伟大，而舜所推行的全为尧的德政吗？所以尧崩，而天下的百姓才能如丧考妣，而永远不能忘其恩德啊！

六、舜的即位

尧崩后，舜在“天与人归”的情形下即天子位。有关这方面的记载，我们认为以孟子所言最切。他一则说：“使之主祭而百神享之，是天受之。使之主事而事治，是民受之也。”再则说：“舜相尧二十有八载，非人之所能为也，天也。尧崩，三年之丧毕，舜避尧之子于南河之南，天下诸侯，朝觐者，不之尧之子而之舜；讼狱者，不之尧之子而之舜；讴歌者，不讴歌尧之子而讴歌舜；

故曰天也。夫然后之中国，践天子位焉。而居尧之宫，逼尧之子，是篡也，非天与也。《太誓》曰：‘天视自我民视，天听自我民听。’此之谓也。”[28]所以经文说：

月正元日，舜格于文祖。

舜于尧崩三年后，在正月择一吉日即天子位，并到文祖庙祭告。舜于摄政之始祭告，此又祭告，足见其有决心承继尧的意旨，以彰其德于无穷。圣人之德，于其举手投足之间，均足以示人以规范，这就要看我们用什么样的心情去体会了。现在，就让我们来看看他即位后的施政方针吧！

（一）纳贤人、广视听以决壅塞

经文说：

询于四岳，辟四门，明四目，达四聪。

孙中山先生说：“政就是众人的事，治就是管理，管理众人的事，便是政治。”[29]帝舜即位，治理人民，其所作为，当然是政治。然而他采取什么态度，以作为他一切施政的根本？在民主时代，国家元首的一切措施均需咨询国会，依宪法而作为，在远古的帝王时代，虽不必如此，然而我们看了帝舜的作为，民主思想的意识确然已蕴寓其中了。您看，他即位之初，首先谋询于总理诸侯之事的四岳，听取他的高见。然后就广开纳贤之门，明通四方的耳目。能广纳贤人，即可做到野无遗贤，能明通四方耳目，即可做到民无隐痛，能野无遗贤、民无隐痛，那当然就可达到“四门穆穆、无凶人”的和乐景象了。刘向《新序》说：“天子不出襜幄而知天下者，以有贤左右也。故独视不如与众视之明也，独听不如与众听之聪也。”其所指虽有不同，所言治理，当无二致。民主政治的可贵，不就在此？

（二）任命十二牧，使治理地方

经文说：

咨十有二牧，曰：食哉，惟时！柔远能迩，惇德允元，而难任人，蛮夷率服。

咨，史公作命。前经文曾说“肇十有二州”，所以这里说命十二州牧。牧为一州的长官，负有安民养民的责任。国以民为本，民不得养而安，而国治者无之。是以任命州牧治理地方，实为政治的根本。然民以食为天，故又特别告诫说：“食哉，惟时！”《洪范》八政首言食，以其“所以养民也”。宋蔡沈《书经集传》也说：“王政以食为首，农事以时为先，足食之道，惟在不违农时。”不管时代如何进步，科技如何发达，对于食物的追求，其方法、手段或有异，而其于食物的充足不虞匮乏，以达养民的基本立场则将永远不会改变。

其次则告以“柔远能迩”的治人方法。王肃解释说：“能安远者，先能安近。”[30]这不就是儒家“由近及远、由亲及疏、由卑而高”的切情尽理的做事方法吗？

再次，则戒以“惇德允元，而难任人”的修己处人法则。这是说：要厚修自己的德行，相信仁人，而远离奸恶的人。能做到这一步，当然也就可以“安近”了。既能安近，推而大之，不就是“柔远”？而蛮夷的顺服也是极其自然的事了。中国的王道精神，不就源于此吗？

（三）命禹为百揆，总司百务

经文说：

舜曰：咨四岳，有能奋庸熙帝之载，使宅百揆，亮采惠畴。佥曰：伯禹作司空。帝曰：俞，咨禹。汝平水土，惟时懋哉。

百揆，就是后世所说的宰相，当然也可以说成百官的事务。尧曾以此官试舜。今舜既即天子位，是以询于四岳，想物色一位能日起有功、且以惠爱为怀，并能完成光大帝尧事业的人，使居其职。众人皆一致推荐当时任司空的伯禹。帝舜听了之后，不仅以为众举得人，且借此机会嘉许伯禹过去平定洪水的大功，并以百揆的新职是勉。由于禹的奋力以为，全力以赴，不仅未辜负舜的期望，并能继舜而有天下，使圣圣相传的道统得以发扬光大。

（四）命弃主稷官，以播种百谷

经文说：

帝曰：弃，黎民阻饥，汝作后稷，播时百谷。

弃，后稷名，是周朝的先祖，自幼即喜好耕种，农民皆以为法则。因而尧举以为农师，使教人民稼穑。舜即位，命弃主稷官，固为旧职重加申命，但也未尝不可说是任用专家。这对后世任用官员来说，是否能有一点启示作用？愚以为读经书的人，心思应该分一部分在这上面，使经书的实用性更加显著。

（五）命契为司徒，敬敷五教

经文说：

帝曰：契，百姓不亲，五品不逊，汝作司徒，敬敷五教，在宽。

契，《史记》以为高辛氏之子，殷朝的先祖。本为帝尧的司徒，掌理教化，是舜即位命契为司徒，乃为旧职重加申命。孟子说："舜使契为司徒，教以人伦，父子有亲，君臣有义，夫妇有别，长幼有序，朋友有信。”这就是敬敷五教的内容。又叙尧的治民说：“劳之、来之、匡之、直之、辅之、翼之，使自得之，又从而振德之。”[31]这无异说，施行五伦的教化，应抱有此种态度、方法和精神，使人在不知不觉中而能潜移默化，这也就是布教在宽的意义了。

（六）命皋陶为刑官，惟明克允

经文说：

帝曰：皋陶，蛮夷猾夏，寇贼奸宄，汝作士，五刑有服，五服三就；五流有宅，五宅三居，惟明克允。

审断刑狱，唯在明允。能明方可毕知情伪，不明则不足以尽人心。克允方能轻重适当，不允则不足以当人罪。是舜命皋陶，以“惟明克允”为戒。程子说：“圣人为治，修刑罚以齐众，明教化以善俗，刑罚立，则教化行矣。教化行，而刑措矣。虽曰尚德而不尚刑，顾岂偏废哉！”[32]此话最为明通。孙星衍《尚书今古文注疏》引郑康成的话说：“猾夏，侵乱中国也。强取为寇，杀人为贼。由内为奸，起外为宄。”

至于“五刑有服”的解释，服，是用的意思，这是说：五刑要用得其时，用得适中、公平、尽情、勿枉勿纵，各有用刑的时机。

"三就"，是指野、朝、市而说。《国语·鲁语》臧文仲说："大刑用甲兵，其次用斧钺；中刑用刀锯，其次用笮钻；薄刑用鞭扑，以威民也。故大刑陈之原野，小者致之市朝。"贾逵注说："用甲兵者，诸侯逆命征讨之刑。大夫以上于朝，士以下于市。"[33]

五流，是以流放、宽宥五刑的措施。宅，作居讲。三居，马融说："大罪投四裔，次九州之外，次中国之外。"这是说：五流各有其居，而五流之居，只有三处。

简朝亮《尚书集注述疏》说："蛮夷猾夏，外患也；寇贼奸宄，内患也；二者内外通患也。去患有道，不修其治术，不可以去患。将何修而可乎？舜咨十有二牧，自近而远，国无任人，以德之术也。舜命皋陶，自内而外，明刑知兵，以刑之术也。德刑不息，治术之神。于是乎舜之天下无患矣。虽及百世，有天下者，宜何修焉！"这话值得我们三思。

（七）命垂掌百工技艺，以利民用

经文说：

帝曰：畴若予工？佥曰：垂哉。帝曰：俞，咨垂，汝共工。垂拜稽首，让于殳（shū）、斨（qiāng）、暨伯与。帝曰：俞，往哉，汝谐。

蔡沈《书经集传》说："若，顺其理而治之也。《曲礼》六工有：上工、金工、石工、木工、兽工、草工。《周礼》有：攻木之工，攻金之工，攻皮之工，设色之工，抟埴之工，皆是也。”在舜时，虽不致有此名称，然此处所指的“工”，当与《曲礼》、《周礼》所载不会相去太远，最低限度应是同一性质，这是可以确定的。因此我们认为蔡氏的见解是对的。经文中的“共工”，就是掌管各种工技的长官。而殳、斨、伯与，为三人名，与垂为同事，或为垂之佐。垂虽欲让，而舜却以其为能最得人缘，故终命之为共工，并促其前往合和众职以治事。

（八）命益掌山泽，以蓄民财

经文说：

帝曰：畴若予上下草木鸟兽。佥曰：益哉。帝曰：俞，咨益，汝作朕虞。益拜稽首，让于朱、虎、熊、罴（pí）。帝曰：俞，往哉，汝谐。

这是舜即位后设专官（虞）以掌山林川泽的措施，使草木、鸟兽、虫鱼各得其滋长，然后以时取之，“所以顺物性也”。《孟子·梁惠王上》篇所说：“数罟（gǔ）不入洿（wū）池，鱼鳖不可胜食也；斧斤以时入山林，材木不可胜用也。”当为此经义的引申。至于经文中所言朱、虎、熊、罴，为四臣名，史公以为益之佐。以此推之，前文所载，殳、斨、伯与三人，当为垂之佐。

（九）命伯夷典三礼，以导民行

经文说：

帝曰：咨四岳，有能典朕三礼？佥曰：伯夷。帝曰：俞，咨伯，汝作秩宗，夙夜惟寅，直哉惟清。伯拜稽首，让于夔、龙。帝曰：俞，往钦哉！

伯夷为尧时老臣，此时年最尊。舜谋于四岳以之掌三礼，足见既重礼又重其人。所以当舜命他做“秩宗”的时候，却特别提出“不论日夜早晚，都要格外敬谨，而且尤其要正直明心静洁为怀”相告勉。这也可能是“秩宗”的基本责任，起码要做到的，所以舜才有这样的提示。以礼本主敬，不敬何以成礼？故舜以“寅、钦”相示。

舜的即位命官，至此始言及礼，这是因为人物既得以治，而礼不可或缺啊！《礼记·乐记》所说：“治定制礼”，就是此意。而汉高祖的命叔孙通定朝仪，应该是我们大家所熟知的了，仅此一事，亦可见礼是如何的重要。经文所说的“三礼”，马融以为是“天神、地祇、人鬼之礼”。蔡沈从其说。郑康成以为是“天事、地事、人事之礼。”[34]就范围来说，我们认为郑氏所言较广，也较切于实用。

（十）命夔典乐，以和民志

经文说：

帝曰：夔，命汝典乐，教胄子。直而温，宽而栗，刚而无虐，简而无傲。诗言志，歌永言，声依永，律和声；八音克谐，无相夺伦，神人以和。

乐以发和，最能陶养人的情志，因此舜命夔典乐，其所期盼的结果，就是最先要使那些自天子到卿大夫士的嫡人，在乐教的陶养下，能达到“正直而色温和，宽大而敬谨，刚毅而不虐害，简约而不傲慢”的目标。因为凡人之性，直就不及于温，宽则难及于栗，过于刚则虐，过于简则傲。《周官·大司乐》，所以主用乐来教国子，必曰中和者，就是为了要除去其太过与不及啊！至于乐所要达到的条件，就是要把表达情志的歌词（诗），用长、短、高、低、清、浊不同的声调，配合律吕唱出来，务使“匏(páo)、土、革、木、石、金、丝、竹八音，不失其伦”，最后达到“神人以和”的境界。舜即位命官，至此始言及乐的原因，如以教化来说，就是《论语》所谓“成于乐”的意思；如以政事来说，那就有如《乐记》所载“功成作乐”的意味了。

（十一）命龙作纳言，以出纳王命

经文说：

帝曰：龙，朕堲（jí）谗说殄（tiǎn）行，震惊朕师。命汝作纳言，夙夜出纳朕命，惟允。

凡为正人君子，没有不憎恨、畏忌谗言、绝君子之行的人，明君在位，尤当如此。因其所言，奸邪不经，变白为黑，以是为非，使人真假莫辨，以惊骇众听啊！纳言，官名，《诗经·大雅·烝民》所说："出纳王命，王之喉舌。"即指此官而言。然而何以要置纳言？蔡沈《书经集传》说："命令政教，必使审之，既允而后出，则谗说不得行，而矫伪无所托矣。敷奏复逆（按：复是报白之义，逆谓上书），必使审之，既允而后入，则邪僻无自进，而功绪有所稽矣。周之内史，汉之尚书，魏晋以来，所谓中书门下者，皆此职也。"《钦定书经传说汇纂》引傅元初的话说："帝舜之时，明目达聪，绝去壅蔽，而虑及谗说殄行者何？盖谗说之人，反是为非，倒白为黑，或假纶綍（fú）（纶綍，天子的命令）之传宣，或托敷奏而进说。方善君子，相与匡扶国是，翊赞皇猷，而谗说一出，大则移易主意，次则阻挠事机，人心动摇惶惑，所关匪细，谨喉舌，正所以防壅蔽，养聪明。"二氏一言纳言之利，一明谗说之害，真可说是互为表里，相得而益彰，使我们不仅了悟到"纳言"的重要，同时更可于此体会出舜之所以致圣功的所由了。

命官完毕以后，紧接着就以敬其职、相天事是勉。经文说：

帝曰：咨，汝二十有二人，钦哉！惟时亮天功。

经文所说“二十有二人”，指四岳、九官、十二牧。《史记集解》引马融的话说：“稷、契、皋陶，皆居官久，有成功，但述而美之，无所复勅。禹及垂以下皆初命，凡六人，与上十二牧、四岳，凡二十二人。”蔡沈亦主此说。凡此，皆为“月正元日，格于文祖”所任命，所以最后才有这样总命的话。于此，更可见舜命官虽能明决速断，然实有赖于平日的预作精审详察所致啊！

（十二）明黜陟，以兴庶绩

经文说：

三载考绩，三考，黜陟幽明，庶绩咸熙，分北三苗。

所谓考绩，就是考察各级官员的政绩。黜，是贬、降的意思。陟，作升、进解。幽，指昏暗的官员。明，指明达的官吏。考绩之法明确公允，人人各自勉励，所以众功皆能兴起，政治的良窳(yǔ)，端在于斯。伏生《尚书大传》说：“三岁而小考者，正职而行事也。九岁而大考者，黜无职而赏有功也。积不善至于幽，六极类降，故黜之。积善至于明，五福以类相升，故陟之。”三载九岁，以时而论，不能说不久，依此而行“黜、陟”，当能了无憾事，在这里也就可以看出舜的气量了。

至于经文在“庶绩咸熙”之后，又缀上“分北三苗”一语，确实有画龙点睛之妙。这分明在说，天下已经承平、“庶绩咸熙”了，此时唯有三苗不服教化，背理作乱，是以舜也只有对于那些不率教的苗民分别予以流放了。所以《钦定书经传说汇纂》引吕祖谦的话说：“史官载分北三苗，见万国皆顺轨也。”从这简略的记载中，我们可以作我国第一次的大一统之功，应该归之于舜的推想。可惜典籍阙如，以致我们无法稽考，这不能不说是一件憾事。

最后，我们还想一提的，就是关于舜的命官，在次序上，是否有义可说？关于这一点，宋代的王炎已为我们作了详尽的解答，他说：“百揆，百官之首，故先命禹。养民，治之先务，故次命稷。富，然后教，故次命契。刑以弼教，故次命皋陶。工立成器，以为天下利，人治之末，故次命垂。如此治人者略备矣，然后及草木、鸟兽，故次命益。民物如此，则隆礼、乐之时也，故次命夷、夔。礼先乐后，故先夷后夔。乐作则治功成矣，群贤虽盛，治功虽成，苟谗间得行，则贤者不安，前功遂废；故命龙于末，所以防谗间、卫群贤，以成其终。”[35]王氏所说，皆能入理，附此权供参考。

七、结语

以上是我们针对《尧典》经文所作的一相情愿的分析，并提出了我们的看法与见解。现在仍欲针对全文作一归纳性的说明，希望借此说明，带给读者一些明晰的印象。

（一）在文字方面

1. 厚重有力，质中有文。这种情形，篇中所言，可说无不皆然。如舜摄政之初，观象祭告说："在璇玑玉衡，以齐七政。肆类于上帝，禋于六宗，望于山川，遍于群神。"所表达的意念，是多么的肯定有力！就文句结构说，一共六句，表现了两个完整的意念：一为观天象，一为祭群神。每个意念，除第一句的第一个字外，其余各句均为四字，而且齐头并列，读起来气势格外雄浑。

其次如对有关刑罚的规定则说："象以典刑，流宥五刑，鞭作官刑，扑作教刑，金作赎刑，眚灾肆赦，怙终贼刑。钦哉！钦哉！惟刑之恤哉！"这几句经文，又是多么的简要明确。第一句说明常刑的公布，要大家遵守。第二句是说明如犯了五刑之罪，可以流放的方式来作宽宥的处罚。第三句是规定官府的刑罚。第四句是规定学官的刑罚。第五句是对于无心过失赦免的规定。第六句是对怙恶不悛之人的刑罚。最后，则以再三钦敬谨慎，千万不可大意，致使受刑人冤枉相勉。就用字说，确实已经简到不能再简。可是就意念的表达说，又是这样的完整无缺，层次井然，语气肯定而浑厚。就句型说，又是这样的整齐有序。我们有什么理由说它不是好文章呢？

2. 繁简有度，运用精熟。如舜摄政后，觐见四岳群牧、颁发瑞信、巡守四方一段的描述，就使我们有这种感觉。经文首先说明巡守东方的历程，是多么的有顺序。所做的事情，又相当多。这让我们感觉到，有这么多的事项要统一、要规定、要协同，不巡守怎么可以呢？可是到南巡守、西巡守、北巡守的时候，仅说如岱礼、如初、如西礼。这又是如何的简达？这不正表示了文字运用的精熟？

3. 排句韵语，相对成趣。如描述流放四凶则说："流共工于幽州，放驩兜于崇山，窜三苗于三危，殛鲧于羽山。"就句式说，为齐头并列的排句，就词性说，是动词相对，名词相对，而且四句一律，又是多么的工整？如描绘舜五年一巡守制度说："敷奏以言，明试以功，车服以庸。"描述命夔典乐说："诗言志，歌永言，声依永，律和声。"这不是韵语吗？像这些文句的运用，又带给后世如何的影响？

4. 掌握重点，情景横生。如写仲春的景象说："厥民析，鸟兽孳尾。"写仲夏的景象说："厥民因，鸟兽希革。"写秋天则说："厥民夷，鸟兽毛毨。"写冬天则说："厥民隩，鸟兽氄毛。"

在我国黄河流域，当仲春之时，天气温和，万物生发，人民都散布在田野间工作，鸟兽也在此时交尾孳生。还有什么写法比这更真切、更令人有实感？当仲夏之时，南风阵阵，浓荫处处，人民解衣而耕，鸟兽毛稀薄得可以看到皮肤。当仲秋之时，金风送爽、桂子飘香，人民于秋收之后，格外显得愉悦轻松，鸟兽这时也生出了新毛，特别俊俏。当仲冬之时，寒风刺骨、雪地冰天，人民都躲进屋内围炉取暖，鸟兽也都生出了厚厚的柔细氄毛。这种描述虽然单调，可是凡是生长在黄河流域，或是有过这一地区生活经验的人，当看到这种简单文句的勾画时，是否也可以马上带给您一个鲜明的景象？我想，答案应该是肯定的吧！

5. 布局谋篇，层次俨然。我们如就全篇文字来看，由帝尧形象的刻画、作为、求贤，到舜的摄政、即位、命官，直到“陟方乃死”，其间情节的发展又是多么的自然有层次？行文虽然简古，而在叙述上来说却是秩然有序。我们只要稍加分析，所谓上下文不相衔接的感觉马上就可以消除。

（二）在述尧方面

经文中显现了尧的自然伟大。过去读《论语》，对于孔子赞美尧的言论[36]，总觉得有些空泛，掌握不了实际的内容。而今读了《尧典》，再来回味孔子的话，不仅具体，而且觉得孔老夫子的言论，尧当之无愧。现在就归纳数端，略述如次。

1. 法天。所谓天，说穿了就是自然。而天理就是宇宙运转而生生不息之理。尧，自然圣明，一切皆循天理而为。经文一开始，就用“钦、明、文、思、安安”来形容他的自然伟大。紧接着再以“允恭克让、光被四表、格于上下”，来说明他法天的实际行为和成效。这种描述不就是孔子所说的“唯天为大，唯尧则之”吗？

2. 明德。德的解释不一，比较之下，我们以为《说文》“内得于己、外得于人”的说法最能含蕴其义。所谓“内得于己”，那必定是自己的行为与自性相得。所谓“外得于人”，那必定是自己的行为与人相得。不论是自得或是与人相得，必不可少的要件，就是修身。因此明德的正解，舍修身将失去其真实的意义。孔子说：“有德者必有言，有言者不必有德。”这不正是针对修身而所发的言论？

除此之外，我们对德字含义，还要有一层认识，那就是在尧、舜时代所谓之德，包括才能在内，不似后世的才、德各属。我们读了《尧典》之后，再回味一下尧、舜的作为，无德固然不足以亲民爱民，可是如无才，又如何知人任使？所以经文说：“克明俊德，以亲九族，九族既睦，平章百姓，百姓昭明，协和万邦，黎民于变时雍。”这不正是修、齐、治、平的历程？孔子所言“焕乎其有文章”，“荡荡乎民无能名焉”，应该是指此而说的吧！

3. 观象。观测天气以授民时，这对尧来说是创举，也是一件旷古未有的大事。由观象而制历，而授时，其间必然需要一段长时间的观察和经验积累。由于“期，三百有六旬有六日，以闰月定四时成岁”的确定，所以才能够“允厘百工，庶绩咸熙”，这种成就与贡献，又是如何值得我们后人效法与敬仰？孔子以“荡荡乎，民无能名焉”称之，当不为过。再者，这种观象授时的作为，又何尝不是法天？人生天地之间，仰观俯察而悟其理，是以名之为春、为夏、为秋、为冬。天本无名而人名之，天本无言而人言之。是以孔子说：“天何言哉！四时行焉，百物生焉！”[37]这不就是对天地运转道理的体悟？

4. 让国。让国必先知人，知人乃由于观察，任使乃观察的最佳途径。据经文所载，尧对其子的评论是“嚚讼”；对共工的评论是“静言庸违”；对鲧的评论是“方命圮族”；最后举舜以试之，结果为“汝舜，询事考言，乃言可厎绩”，“汝陟帝位”。是以尧先使舜摄政，而终让国。这种风范，将永为后世效法。

5. 钦敬。我们常说“善始者实繁，而克终者盖寡”这句话，《诗经·大雅·荡》篇也说：“靡不有初，鲜克有终。”这说明有始有终不易做到。尧之所以为尧，正是因为他能既慎始又敬终。我们推本于尧之所以能有如此的成就，就在于钦敬而已。经文一开始就说他“钦、明、文、思、安安”，之后的“允恭克让”，“钦若昊天”，“敬授民时”，“寅宾出日”，“敬致”，“钦哉”……这不可以看出他的以钦敬始和以钦敬终吗？

（三）在述舜方面

《孟子·滕文公上》篇说：“君哉！舜也。”这是说：“舜，他是一位最能尽君道的国君啊！”现在让我们就着经文的记载来看看他是如何尽君道的。

1. 尽孝。孝为一切的根本，人如不孝，所有作为，皆无意义。为君、为天子，尤其要以孝为兢兢，如是方能教化群伦而恩加四海。因此我们将孝列为做国君、天子的基本要件，是有其深远意义的。经文记载舜的尽孝，说：“瞽子、父顽、母嚚、象傲、克谐，以孝烝烝，乂不格奸。”舜处在这样的家庭环境中，他不但不颓丧、不气馁、不懊恼、不抱怨……反而以无比的毅力与决心，以奋进不已的信心与孝心，始终如一地孝敬父母，友爱其弟，最后，顽父、嚚母、傲弟，均为其所感，而使得家庭和谐融洽。这岂是常人所能做到的？具备这种孝心的人，还不足以“推恩保四海”吗？

2. 摄政。孟子说：“舜相尧，二十有八载。”当指此而言。在这一段时日中，舜所表现的政绩，据经文所载，有：

第一，齐七政，修订历法。

第二，祭享天地神祇，为民祈福。

第三，颁瑞信，以统一事权。

第四，巡守四方，协同制度。

第五，厘定巡守、朝觐制度，适时作深入考察，由述职以明政情，由考绩以酬庸车服。

第六，重划兆域，以便治理，修水利以养民。

第七，公布刑典，使人民有所遵循，俾达刑期无刑之目的。

第八，惩奸恶，以警不轨，流四凶，天下咸服。

3. 即位。舜在“天与人归”的情形下即天子位，之后，在这方面所表现的政绩，尤可为后世有国有家者的典范，后人每以垂拱而治誉之，绝非溢美。

第一，谋于四岳，广视听，使野无遗贤、政无壅蔽。

第二，重视地方，以“食哉、惟时”为先，而以“蛮夷率服”为终极目标。

第三，任禹为百揆，以总理全国政事，足见其睿智明察，知人善任。

第四，任弃掌农政，以教民稼穑，使民足食。

第五，命契为司徒，教人伦以厚风俗，使人民相亲相睦，化暴戾于无形。

第六，使皋陶掌刑政，以明察克允是勉。

第七，使垂掌工技，以利民用。

第八，任益掌虞政，以足民财。

第九，命伯夷典三礼，以树规范。

第十，命夔掌乐政，教以中和，以陶养心志。

第十一，使龙作纳言，以绝“谗说殄行”，使政风永远保持清明。

第十二，建考绩之法，以辨君子小人，借收“举直错诸枉，能使枉者直”的效果。

由以上分析看来，舜之所以能垂拱而治，全在于他任用得人，而任用得人，如非明察大智之人，又何能“因材器使”？孔子说：

“舜有臣五人，而天下治。”[38]又说：“无为而治者，其舜也与？夫何为哉，恭己正南面而已矣。”[39]这不正可见舜所任命的大臣皆为圣贤？否则，他又何能终身“恭己而无为”呢？

【注释】

① 今传《十三经注疏》本（东晋梅赜所献本），将《尧典》自“慎徽五典”以下，析为《舜典》。可是《孟子·万章上》篇云：“《尧典》曰：二十有八载，放勋乃徂落……四海遏密八音。”考此数语，载于注疏本《舜典》中，是知注疏本《舜典》，本为《尧典》。西晋武帝初年，尚未离析为二，详情参焦循《孟子正义》。至于《尧典》经文在《尚书》中较为平易，宋朱子即已疑之。近人屈万里先生于其所著《尚书释义》中，复举十条，以证明今本《尧典》著成于孔子之后、孟子之前。今人徐复观先生却认为《尚书》中的《尧典》、《皋陶谟》、《禹贡》，于“开始并无原始文献，而只有许多口头传说。这些传说，到了文化发展到更高的阶段时，即由史官加以整理、编纂，把口传的材料写成文字的材料”。并举出“屈先生认为‘《尧典》显然地受了儒家思想的影响’，所以《尧典》是战国时代的作品”，加以辩驳。吾人如以历史演进法则观之，当以徐先生所言为是。徐说见其所著《中国人性论史》附录三，五八九至五九二页。因此，我们认为，《尧典》所载，为尧时事。

② 见董作宾先生著《尧典天文历法新证》。1956年9月19日写讫于香港大学东方文化研究所。发表于《清华学报》新一卷二期，一七至三八页。

③ 见高平子先生著《学历丛论·中国授时制度略论》节，一五七页。

④ 见高平子先生著《学历丛论·历法约说》上篇，一八七页。

⑤ 见孙星衍《尚书今古文注疏》引、注。

⑥ 孔颖达《尚书正义》引。

⑦ 见近人丁山先生著《羲和四宅说》。

⑧ 见近人高重源先生著《中国古史上禹治洪水的辩证》一文。

⑨ 简朝亮语。见《尚书集注述疏》。

⑩ 有关四岳之释，有不同之二解：一为四岳乃指四方诸侯而言，指多数。一为方岳之长，即方岳诸侯共推举之人，指一人而言。以此段经文记载观之，应为一人。

⑪ 见《诗经·大雅·思齐》篇。

⑫ 见杨筠如《尚书核诂》。屈万里先生从之。

⑬ 见伪孔传。即今传《十三经注疏》本。

⑭ 睽、家人，均为《易经》卦名。睽彖云："二女同居，其志不同行。"家人彖云："家人，女正位乎内、男正位乎外，男女正，天地之大义也。"

⑮ 见陈栎著《书集传纂疏》卷一引周子曰。

⑯ 见孙星衍《尚书今古文注疏》引。

⑰ 见《孟子·滕文公上》篇。

⑱ 见《孟子·万章上》篇。

⑲ 同上。

⑳ 见《礼记》卷二十四《礼器》，四七〇页。

㉑ 见《孟子·万章上》篇。

㉒ 见时澜《增修书说》卷二。

㉓ 正月上日，乃正月上旬之吉日也。见王引之《经义述闻》。

㉔ 文祖：《史记》：文祖者，尧太祖也。后儒多从之。唐陆德明《经典释文》："马云：'文祖，天也。天为文，万物之祖，故曰文祖。'"

㉕《孟子·万章上》篇："尧崩三年之丧毕，舜避尧之子于南河之南，天下诸侯朝觐者，不之尧之子而之舜；讼狱者，不之尧之子而之舜；讴歌者，不讴歌尧之子而讴歌舜，故曰天与也。夫然后之中国践天子位焉。而居尧之宫，逼尧之子，是篡也，非天与也。"

㉖ 见孙星衍《尚书今古文注疏》引。

㉗见孔颖达《尚书正义》。今有马国翰《玉函山房辑佚书》辑本。

㉘并见《孟子·万章上》篇。

㉙见《民权主义》第一讲。

㉚王肃说，见孔颖达《尚书正义》引。

㉛见《孟子·滕文公上》篇。

㉜见《钦定书经传说汇纂》卷二引。

㉝同上。

㉞马、郑于“三礼”之释，俱见孙星衍《尚书今古文注疏》引。

㉟见《钦定书经传说纂汇》卷二引。

㊱《论语·泰伯》篇：子曰：“大哉尧之为君也！巍巍乎！唯天为大，唯尧则之；荡荡乎！民无能名焉；巍巍乎！其有成功也，焕乎其有文章。”

㊲见《论语·阳货》篇。

㊳见《论语·泰伯》篇。

㊴见《论语·卫灵公》篇。

第三章　皋陶陈谟

一、前言

皋陶，一作咎繇，为少昊的后裔，生于曲阜，封于皋，所以名皋陶。他生而忠信明达，敏于事而又能尽力，帝舜即位，就以之为法官。皋陶一振衣，而不仁的人，即行远去，他立狱（今作犴）狱，造科律，听狱执中，使天下没有受冤枉的人。《淮南子》说："皋陶为大理，天下无虐刑。"① 因此，后世凡是涉及刑狱之事，都以皋陶作为取法的对象，这大概就是因他能"听狱执中"的关系吧！今传"十三经"中的伪古文《尚书》，将《皋陶谟》从"帝曰来禹"以下，分为《益稷》。然而我们从《书疏》中，可以看出远在汉代的伏生、马融、郑康成以及曹魏时代的王肃，就已经根据《书序》，将《益稷》合并在《皋陶谟》中了，因为另外有《弃稷》篇已经亡逸②。由此也正可看出伪古文"作伪"的用心所在，不过最后反而欲盖弥彰了。《史记·夏本纪》说："帝舜朝，禹、伯夷、皋陶，相与语帝前。"而其所语，又皆

“谟”国的大道，因其影响深远，且又和《尧典》相辅相成，而所表现的精神、义理，复行互相贯连，笔者既涂尧、舜的治化于前[③]，而今面对皋陶陈谟之篇，颇有一吐为快之念，因不顾浅陋之讥，试作大义探讨如次。

二、大义探讨

《尚书》虽为记言体[④]，但也有记事之篇，如《尧典》、《禹贡》就是很好的例子。就《皋陶谟》来说，既为“谋”，那当然是属于记言体了。《大戴礼记·主言》篇引述孔子的话说：“昔者，舜左禹而右皋陶，不下席而天下治。”现在就让我们来探讨一下，皋陶和禹在帝舜的面前是以什么样的言论，才使“舜不下席而天下治”的。

（一）修德树本，本立道生

尧、舜的修德治人，不仅形成了我国儒家思想，同时也成就了我国文化的重心。孔子所说“其身正，不令而行，其身不正，虽令不从”[⑤]的话，就是“修德”的具体表现。这种先己后人，由近及远，自亲至疏，从小到大的修治行为，是最真切、最踏实、最具人情不过的了。我们试想，己身不正，又焉能正人？即使勉强服人，亦为“力不赡也”，“非心服也”。所以孟子进一步阐发此义蕴说：“其身正，而天下归之。”⑥正己既然如此重要，现在我们要问，如何正己？答案是修德。也唯有修德，方可成圣成贤，化民成俗，而天下归之。皋陶最明此理，所以一开始他就说：

允迪厥德，谟明弼谐。

这是说：天子诚能进修其德，那就可以收谋明辅和的功效了。因为能修德，就可以“明足以烛理，虚足以受善”⑦，能烛理受善，对于大臣的所谋，自然也就可以无所不明，而其相辅，更可无事不谐了。能“谟明弼谐”，朝野上下，自然可以和气一团，共为国事而努力不懈。君修德于上，臣尽职于下，君臣同心协力，知无不言，行无不善，如是以为，还不能“厚叙九族”而使“远人归附”？可是这种道理皋陶并没有说出，所以禹与皋陶才展开了以下的对话：

禹曰：俞，如何？皋陶曰：慎厥身修，思永。惇叙九族，庶明励翼，迩可远，在兹。禹拜昌言曰：俞。

王充《论衡》卷九《问孔》篇说：“皋陶陈道帝舜之前，浅略未极，禹问难之，浅言复深，略指复分。”今就经文所载验之，王氏的话大致不差。就是因为皋陶的“浅略未极”，所以禹才发问说：是的，你的话不错。不过其步骤应该如何？是否可以请你说得更具体些？于是皋陶也就毫不迟疑地回答说：“噢！你这个问题问得太好了，我的意思是说：天子首先要慎修其身，而且要永远不间断地日新其德，如是才能厚禄其九族之亲，而众贤明在位的官员们，也就自然会相勉地来作为辅翼之臣。由近及远的治平大道，就全部包括在其中了。”

这种说明无异于前两句经文的扩大与阐发，“慎厥修身，思永”，就是“允迪厥德”。皋陶之所以如此看重修身，是因为修身为一切的根本。这道理《礼记·大学》篇所载已经甚为详备，在这里不再赘述，然而我们却要问，修身何以要思永？有此必要吗？宋林之奇说：“修身者，不可不思为长久之道，动而世为天下道，行而世为天下法，言而世为天下则，此其所谓思永也。”[⑧]这种可大可久之道，实可一言而尽，那就是“日新其德”，这确实是一位天子所不可一日或缺的。而“惇叙九族，庶明励翼”，不就是“谟明弼谐”？至于“迩可远，在兹”，那就是修德的结果了。所以清儒刘逢禄说：“《礼·大学》修齐治平，《中庸》九经之义，本诸帝典（按：《尧典》），此四语，亦总摄之。”[⑨]这见解是对的。我们在本文前言中所说：“皋陶陈谟与尧舜的治化相辅相成，所表现的精神、义理，互相贯连”，在这里已经可以得到答案了。而大禹不仅“然其言”，同时又大加拜服，原因可能就在这里。

（二）知人善任，安民为先

我们都知道，要想安民，就必须善于任人。而任人又以知人为先决条件。如无察人之明，又如何能知人善任？而察人之明，则源于修德，是以皋陶申其未尽之言，而禹则对以当然之理，故又形成以下的对话：

皋陶曰：都！在知人，在安民。禹曰：吁！咸若时，惟帝其难之。知人则哲，能官人。安民则惠，黎民怀之。能哲而惠，何忧乎驩兜？何迁乎有苗？何畏乎巧言令色孔壬！

意思是：皋陶意犹未尽地说："噢！说到由近而可推之至远的治平方法，那全在于知人、安民上面。"禹马上接着说："是啊！不过你的论调可能高了些，因为要全部做到这种地步，就是帝尧犹觉困难呢！能知人，那就一定明哲，明哲的人，当能因材器使，那就一定能惠爱百姓，惠爱百姓的人，人民也就一定会归附于他。一位明哲、惠爱人民的天子在位，比周为恶的兜何足忧？又何必放逐不听教命的有苗？当然对于那巧言令色大奸佞的共工，也就更不足畏了。"

从这一段对话中，我们可体悟到知人功效是如何的伟大，同时又是如何的不易做到！宋杨时说："非知人而能安民者，未之有也。"⑩蔡沈《书经集传》说："知人，智之事；安民，仁之事也。"既仁且智，圣人之事也就可以尽于此了。平心而论，能知人，方可鉴真察明，鉴别明，方可使大小众官员各当其职，以天下的才俊治理天下的事务，始能各顺其理，各兴其业。如不能做到这一步，又何能谈知人？就安民来说，那一定是恩惠广被，使贤者在位，能者在职，人民怀恩被泽，足食丰衣，各安其业，各乐其所，方可以谈安民。由此亦可知知人安民的艰难。是以傅元初慨乎其言地说："知人安民，千古致治，尽此四字。"[11]我们细味其语，确实不错。

（三）以德检行，以事考言

皋陶既已提出知人、安民之策，而禹亦已申其当然之理，然而如何知人？应有具体可行的方法与步骤，方不失之空洞。仁人之言，必不致如此，所以皋陶便进一步提出了他的见解，因此也就又形成了与禹的对话：

皋陶曰：都！亦行有九德，亦言其人有德，乃言曰：载采采。禹曰：何？皋陶曰：宽而栗，柔而立，愿而恭，乱而敬，扰而毅，直而温，简而廉，刚而塞，彊（今作强）而义，彰厥有常，吉哉！[11]

经文大义是：皋陶说："噢！在知人方面，说起来大概有九德之行可以作为考验的准则。我们要说某人有德，那就一定要举出他所行的具体事实来作为验证。"禹马上追问说："何为九德？"皋陶回答说："九德是：宽大而敬谨，柔顺而卓立，忠诚而有供职的才能，有治才而敬慎，驯顺而果毅，正直而温和，简易而是非分明，刚健而笃实，强勇而好义。因此，我主张天子要表彰、任用以上九种有美德的人。”

至于九德何以为德？前贤已为我们作了说明。

1. 郑康成说：“宽谓度量宽宏，柔谓性行和柔，扰谓事理扰顺，三者相类，即《洪范》云：‘柔克也。’愿谓容貌恭正，乱谓刚柔治理，直谓身行正直，三者相类，即《洪范》云：‘正直也。’简谓器量凝简，刚谓事理刚断，强谓性行坚强，三者相类，即《洪范》云：‘刚克也。’……凡人之性有异，有其上者不必有下，有其下者不必有上，上下相协，乃成其德。”[12]郑氏所说的上、下，是指一德中的上字与下字，如宽而栗，宽为上，栗为下。

2. 金履祥《尚书表注》上，于九德则有以下的见解。他说：“九德凡十八字，而合为九德者，上九字其资质，下九字则进修，亦有德性之全美者。宽者易弛，宽而坚栗则为德。柔者易弱，柔而卓立则为德。谨厚曰愿，愿者易同流合污而不庄，愿而严恭则为德。治乱曰乱，乱者恃有治乱解纷之才则易忽，乱而敬谨则为德。扰者驯熟而易耎（软），扰而刚毅则为德。直者径行而易讦，直而温和则为德。简者多率略，简而有廉隅则为德。刚者多无蓄，刚而塞实则为德。强者恃勇而不审宜，故以强而义为德也。”

3. 简朝亮《尚书集注述疏》卷二说：“盖有其上者性之美，而有其下者学之纯，朱子谓其变化气质者也。”又说：“万世人才，未有不繇（由）九德者也。人虽有才，而不繇九德，非人才也。《立政》曰：迪知忱恂于九德之行。万世人才，九德尽之矣。”

以上三家所言，均具意味，合观则可见其全义。

（四）因材器使，以德为先

以上九德，前贤的话已经非常透彻、周备，用不着再费笔墨。不过在这里我们要说明的是，这九种德行，有人仅具备其一，也有人具备其二、其三，甚至全备。这就要靠天子的知人善任了，德愈大而才愈富，而其所负的责任相对也应当越重。这一点，皋陶当然不会忽略，所以他又提出了当行的见解，他说：

日宣三德，夙夜浚明有家。日严祇敬六德，亮采有邦。翕受敷施，九德咸事，俊乂在官。百僚师师，百工惟时，抚于五辰，庶绩其凝。[13]

意思是说：具备三德，每天宣著于外，且早晚如一，深明无懈，就可以为卿大夫。具备六德，每日恭敬谨慎辅佐天子，并能处事各得其宜，就可以为诸侯。天子（含国君）则当综合九德的人，普遍地予以因材器使，而在位的官员，均为俊乂的人才，百官又能互相师法，各善其事，就像五星的经纬于天，各循其轨则，井然有序。在这样的情况下，各种事功自然也就可以顺时而成了。

汉桓宽《盐铁论·刺复》篇引述此经文后说："言官得其人，人任其事，故官治而不乱，事起而不废，士守其职，大夫理其位，公卿总要执凡而已。故任能者，责成而不劳，任己者，事废而无功。"王充《论衡·答佞》篇也说："唯圣贤之人，以九德检其行，以事效考其言，行不合于九德，言不验于事效，人非贤则佞矣。"

凡此，都是在说以九德官人的方法。这种方法，最起码在汉代，仍为学者所乐道。不过在这里我们要特别指出的，那就是古人所说的“德”，实包括“才”，所以在《尚书》中皆言“德”，很少涉及“才”字。尧、舜的圣哲明察，已足可以使我们领悟这种道理。后人才、德分途，而世风也就日渐浇薄了。读经至此，实不能无慨。

所谓三德、六德，郑康成以为：“皆乱而敬已下之文。”这种说法，我们不能同意，因为九德是指九种成德而言，人或具其一，或具其二，非必按照如经文所说的顺序不可。就用人原则说，具备三德的人，可以任用为大夫，具备六德的人，可以任用为诸侯，而仅具备一德的人，亦可任用适合的工作。以德的大小来决定任用职务的高低，这不就是因材器使吗？这种因材器使，也是以德为先决条件的。能如是，当然也就可以达到野无遗才，而上无废事了。

因此，我们认为：“因材器使，以德为先”的用人原则，将永远为官人的铁律。宋林之奇说：“为天子者，必能尽用天下之才，兼收并蓄，罔有或遗，然后能成天下之治。故必用是九德之人，自宽而栗，至强而义者，无不容，无所不受。盖所谓丘陵积土以为高，江汉积水以为大，大人合并以为公也。”[14] 这话道尽了知人官人的至理。

(五) 慎无逸，俾代天工

皋陶既言官人，因材器使之理，果能以天下之才治天下之事，在“野无遗才，国无废事”的情况下，社会必然为一承平安乐景象。然而当此之时，天子又当如何？应当以什么样的行为，什么样的思念，什么样的见解来领导群伦，树立风范？皋陶在这方面也有其独到的见解。他说：

无教逸欲有邦，兢兢业业，一日二日万几。无旷庶官，天工人其代之。

这是说：天子当以身作则，为有国有家的人树立风范，不可贪于逸乐和纵情私欲，当戒慎危乱的发生，日日事有万端，怎可不慎？不可任用非才，而使众官员荒废了他们的职务。要时刻思念着，天子是代替上天治理人民的，而众官员所治，亦无外乎天事，如有一位官员旷其职责，而天事将就因此而废，又怎可不深加戒慎？

因此，一位天子在行为上当正其身以教“有邦”的诸侯，这也就是“上有所好，下必甚焉”的意思。能如是，而逸乐、贪欲之心自可消除。在思念上，当时刻想到每日将会有危乱的事端发生，不可不慎加提防，使事端消灭于无形。在见解上，当知居官任职，为代天行事，如非其人而居其官，就是坏乱天事。故人居其官，就是代天工。既代天行事，就不可荒废职守，当以安民为要。所以元人金履祥说：“此章又自君心推之，以结知人之本，而起安民之端也。”[15] 以下两节经文所载，就是说的安民。

（六）法天德，以范民行

所谓天德，也就是自然之理。我们常说：上天有好生之德，事实上也就是好生之理。人生天地之间，往往有“此心同，此理同”的感觉，而欲安民，当效法天理，以顺民心。皋陶非常了解这种道理，所以他说：

天叙有典，勑我五典五惇哉；天秩有礼，自我五礼有庸哉；同寅协恭和衷哉。天命有德，五服五章哉；天讨有罪，五刑五用哉；政事懋哉！懋哉！

经文所说的“叙”，就是天理自然的伦叙。所说的“秩”，就是天理自然的品节。如再说得具体些，所谓“伦叙”，就是君臣、父子、兄弟、夫妇、朋友之伦。所谓“品节”，就是尊卑、等级、隆杀之品。在这方面，宋人已经为我们作了解说。如程子说：“书言天叙、天秩，天有是理，圣人循而行之，所谓道也。”张子也说：“生有先后，所以为天叙，小大高下相并而相形焉，是谓天秩，天之生物也有叙，物之既形也有秩，知叙然后经正，知秩然后礼行。”[16] 勑，即勅字，作正、饬解；典，是常的意思；惇，作厚解。五礼，根据郑康成的说法，是指天子、诸侯、卿大夫、士、庶民五种礼节[17]。康，作常解。同寅、协恭、和衷，可说成：相接以敬，相待以恭，相与以诚，这也就是说，同寅协恭，乃可以和衷共济。

至于五服五章的解释，是自天子、上公、侯伯、子男以至卿大夫的五等服饰，是用以彰明其德的。五刑，指墨、劓、剕、宫、大辟，而五用是指五刑的五种处罚方法。如《国语》所说："大刑用甲兵，其次用斧钺；中刑用刀锯，其次用钻笮；薄刑用鞭扑，以威民也。"就是对此五刑来说的。

我们归纳以上的解说，这段经文如用口语说出，那就是：天行四时有常，人当法天来正五伦，五伦的教化当以敦厚为本。天的品节亦有常礼，人当法天，而制为五礼也当有常。因此，从天子以至于庶民，皆当守此常礼，而君臣上下，尤当相接以敬，相待以恭，相与以诚，"融会流通，使民彝物则，各得其正"，如是方可无违于天理之自然。上天任命有德的人在位，并用五等彩服来彰明其德。上天讨伐有罪的人，用五等刑罚加以惩戒。因此，凡负有政事责任的官员们，不可不时刻惕厉自勉啊！

这说明一切措施无不循天理而为。能循天理，方可廓然大公，纯然至诚，而不含一毫人为之私。所以程子说："天命、天讨，只是天理自当如此。"[18] 时澜也说："命德讨罪，皆不云我者，见赏罚之纯乎天也。盖典礼虽本于天，犹待人辅相樽节而成之，若赏罚，则不可加一毫于其间，有一毫之人，则赏罚，我之赏罚，非天之赏罚矣。"[19] 细味先儒所说，安民实无过于此者，以此治民，还怕人民不能心悦诚服？

（七）明民欲，以顺民情

就施政方针、态度说，这种举措是极其必要的。欲得民心，即当以民之好恶为好恶，以民之需要为需要。皋陶既然讲述了安民之理，对于安民之法，自有其见解，所以他说：

天聪明，自我民聪明，天明畏，自我民明畏。达于上下，敬哉有土。

经文所说的聪明，可作“视听”解；明畏，可作“赏罚”解；达，是通的意思；上即上天，下为下民；有土，就是有天下。意思是说：上天的视听，以我民的视听为视听；上天的赏罚，以我民的赏罚为赏罚。上天下民，要通达无间，民心之所存，也就是天理的所在，有国有家的人，又怎可不专一致此而敬慎不懈呢？！

我国古代圣贤多讲求天人合一的道理，这种道理，说穿了也就是以自然的天理来规范人心，来顺应舆情。既然以“天工人其代之”的心情治理人民，就应该以诚敬戒惧的谨慎态度，来察民隐、明民需、顺民情，使君民之间的管道畅通，毫无滞碍。如是方能做到好恶、赏罚，全部符合民望。

宋真德秀说：“隆古君臣，讲明政治，无一事不本于天，无一事不本于敬。”[20] 这体验，真是再深刻也没有了。而孟子所引《泰誓》篇的“天视自我民视，天听自我民听”，《吕刑》篇的“德威惟畏，德明惟明”，当即由此演变而来，亦即此理的阐发。这种道理，将永为治民、安民的不二法则，尤其是在君主专制时代，其所产生的影响，其价值确实难以估计。我们看，无论任何朝代的圣君贤相，皆以此为治国安民的准则，就是一个明确的例证。

（八）谦以言，其襄益勤

圣人有谦德，这是我们大家都能承认的。尤其是在《论语》这部书中，这种事实真可说是随处可见。皋陶陈谟帝舜之前，既已尽言知人安民之理，乃以“未知”、“赞襄”作结，因此又形成了与禹的对话：

皋陶曰：朕言惠可厎行？禹曰：俞，乃言厎可绩。皋陶曰：予未有知，思日赞赞襄哉。[21]

意思是：皋陶说：“以上我所说的话，是否顺理，可以付诸实际？”禹马上回答说：“当然，照你的话去做，是可以获致成功的。”皋陶于是又谦虚地说：“这我可就不知道了，我只知每天以言语来赞明帝德，以期有所成就而已。”

就以上皋陶所言，我们不仅可以体悟到他观察精微，见解透辟，同时更能感悟到，一个人，除非不欲有所作为，如欲有所作为，那就必须先要修身，因为身修而后方可成圣成贤，方可齐家、治国、平天下。也唯有身修，而后方可知人与安民。能知人，而后才可以因材器使，才可以远佞人而就有道。能安民，而后才可以泽被四表，恩加海内，才可以博济施众，万民归仰。修身乃明德之事，知人乃智之事，安民乃仁之事，皋陶能“日赞赞襄哉”于此，而舜的垂拱而治，谁说不宜？所以孙继有说：“赞赞者，贤才之进退，生民之休戚，所系于君德者甚大。人，不可一日不知；民，不可一日不安，故日以知人安民之谟，赞帝以行之，期于成治而已。”[22]我们的看法，正是如此。

以上是皋陶、禹二人的答问，意在谏帝。主讲人是皋陶，发问者是大禹，听众是帝舜。另外可能还有伯夷和夔。当皋陶、禹答问的时候，帝舜并不曾插嘴，只是在一旁“默而识之”，自此以后，局面大为改观，变成了帝舜发问，禹来回答，皋陶也偶尔凑凑热闹。现在就让我们继续往下看吧。

（九）禹首先以往事说明安民匪易相勉

经文说：

帝曰：来，禹！汝亦昌言。禹拜曰：都！帝，予何言？予思日孜孜。皋陶曰：吁！如何？禹曰：洪水滔天，浩浩怀山襄陵，下民昏垫。予乘四载，随山刊木，暨益奏庶鲜食。予决九川，距四海，浚畎浍，距川。暨稷播，奏庶艰食、鲜食，懋迁有无化居。烝民乃粒，万邦作乂。皋陶曰：师汝昌言。

意思是说：帝舜听了皋陶修德、知人、安民的建言以后，很想再听一听禹的高论，于是就在二人问答告一段落之时，不假思索地说：“噢！禹，现在就请你也来表示一下美言谠论吧。”禹马上向帝拜了拜，赞叹说：“美言嘉谟，皋陶都已经说尽了，在这方面，我实在没有什么可再说的，我只是想着，每日孜孜不倦地勉于事功而已。”皋陶立即插嘴说：“啊！是的，请具体地说一说如何？”于是禹也就毫不迟疑地以回忆的口吻，分成两个层次，说出了自己如何的“思日孜孜”。他说：

第一，在过去，洪水漫天，无边无际，围绕着大山，淹没了丘陵，人民正在昏迷沉溺的时候，我以四种交通工具载行[23]，勘察水势，行山砍木，树立标记，作为治水的依据，并与伯益向帝奏言，此时人民所食，唯杀鸟兽鲜食而已。

第二，后来疏浚了九州的河川，使其通于大海，然后又挖深田间的水道，使其通于河川，与后稷一方面教民及时播种，一方面向帝奏言，此时人民所食为谷物、鸟兽各半。又过了一段时日，根据人民的需要，使有无相通，作适时合理的调节，这样人民才安定了下来，万邦才得以治理。

这确实是一段非常艰辛的历程，诚可谓得来不易。禹之所以陈说这段往事，就是想借着这种陈述，使君臣上下相互戒勉，努力不懈，不可满足于当前，如此才能保持安定于无穷，实有警戒之意存于其中。这种情况，就好比一位老臣，陈述往日的成败，借以勉励、激发当时的君臣是一样的。在这里更值得一提的是，禹也借着这种陈述，说明伯益和后稷辅佐的大功，这一则显示了禹的不自居功，与人为善的胸襟，同时也显示了当时上下一心、为国为民的伟大抱负。禹治水于外，三过家门而不入的公而忘私的情操，不就是“惟思日孜孜”的证明？

从这段经文中，我们首先觉察到的是：当皋陶陈谟之时，帝舜只是在一旁默记倾听，不曾发出一言，及至皋陶陈谟已毕，帝舜才请“禹亦昌言”，于是就展开了舜与禹、皋陶的相互答问。其次如仅就禹的话来看，好似矜伐其功。如果真是这样的话，那又有什么“昌言”可师？我们在前文中曾经说过，圣人皆有谦德，而此处又何以自伐其功？关于这一点，前贤早已言之綦详，兹引述如下，供读者参考：

1. 宋吕祖谦说：禹不矜不伐，此乃历举其功，若矜伐，何也？盖艰难之念恐其易忘，平成之功恐其难保，谓今虽平成，昔者之心，顷刻不可忘也。禹虽不陈谟，乃陈谟之大者。使自言其功，而非有深意，何以谓之昌言哉？[24]

2. 申时行说：禹述治水之难，以寓保治之意，则微戒之深意，责难之微辞，莫有过于是者，此所以为昌言也。人君以此存心，而所以为复隍之虑者益深，人臣以此存心，而所以为保泰之谋者益至，岂不可以师法耶？[25]

3. 简朝亮说：禹追言其难，愿帝孜孜无怠，即以戒逸欲而安民，故皋陶师之也。[26]

4. 吴闿生说：此非自陈其功，乃极言为治之难也。[27]

以上四家所言，虽有繁简的不同，但其表现的意旨则无二致。

我们如能稍涉下文，则可马上觉察，禹绝非自伐，而实有寓意在。

（十）其次，禹则以慎乃位相劝

经文说：

禹曰：都！帝，慎乃在位。帝曰：俞。禹曰：安汝止，惟几惟康，其弼直，惟动丕应。徯志以昭受上帝，天其申命用休。

所谓“慎乃在位”，也就是前文所说“敬哉有土”的意思。禹深感于国家的治理、人民的安定，不是一件易事，所以才又继前文未尽之言说：“噢！帝，要敬慎您的天子之位。要知道，能当大位，是一件何其艰难的事，‘一念不谨，或以贻四海之忧；一日不谨，或以致千百年之患。’可不敬谨？”[28]帝舜深以为然。所以他当即回答说：“是的，一点也不错，你的话对极了。”然而如何“慎乃在位”？禹并没有具体地说出来，唯恐皋陶再度发问，所以就紧接着说：“要安于至善的所止，不可妄动，因为宇宙间的事事物物，无不各有其至善的处所，唯有时时思念着危险，国家方可得到安定。再者，假如所有辅弼的大臣都是有德[29]的人，那就绝不会妄动了。由于动必依德，所以就必定可以得到天下人民的回应。更重要的一点，就是要时刻保持清明在躬，用昭明无私的心来等待天命，这样上帝就会重复地命以福祥了。”经文最后两句，在表面上看来虽似有些迷信，但如能以孟子所说“祸福无不自取”的观点来衡量，那也就“无不自得”了。

（十一）君臣一体，和衷共济，方克有成

我们从以上皋陶、禹的对话中，可以很清楚地了解到二圣人所言，均在责重帝躬，而帝舜除默识心领外，并未表示任何意见，以下经文就有所转变了。舜也提出了自己的看法。经文说：

帝曰：吁！臣哉邻哉！邻哉臣哉！禹曰：俞。帝曰：臣作朕股肱耳目。

这话虽然说得很简单，但却含义深远。经文中的“邻”字，有近、辅、亲的意思。这是说：大臣是天子最亲近的人，反过来说，天子最亲近的人，就是大臣。如果君臣一体，共定国是，试问还有什么困难不能克服？舜之所以言此，一方面是感念大禹公而忘私、不辞劳苦、一心为国的精神，同时也想借此言论来表明自己的心迹，君臣之间，本为一体，毫无距离。所以汉代的郑康成注此经文说：“舜反复言此，欲其志心入禹。”[30]清儒江声更在其所著《尚书集注音疏》中发挥郑氏的话说：“志心入禹者，犹言推心置腹，欲禹与己一心一德也。”君臣之间，如不能一心一德，共体人民的需要，尽一己之力，作最大的奉献，又如何能使人民归服？这种行为也可以说是“安民”的必要条件。所以帝舜紧接着就把这种见解表达了出来：

帝曰：臣作朕股肱耳目。

这不正是以大臣为“邻”的意思？诚如郑氏所说：“动作视听，皆由臣助之也。”[31]以下则更进一步地说明此理。

（十二）明安民之策，以翼、为、明、听相期勉

经文说：

予欲左右有民，汝翼。予欲宣力四方，汝为。予欲观古人之象，日、月、星辰、山、龙、华虫，作会；宗彝、藻、火、粉米、黼（fǔ）、黻（fú）、絺（chī）绣；以五采彰施于五色，作服，汝明。予欲闻六律、五声、八音，在治忽，以出纳五言，汝听。予违汝弼，汝无面从，退有后言，钦四邻。

在这段经文中，首先我们要指出的有两点。第一，帝舜为什么单单指禹来翼、为、明、听，而竟不及他人？这是因为禹总百官而治的关系。假如我们还不健忘的话，应该还记得，在尧舜的治化中，当舜即位任官的时候，使“宅百揆”者，不就是禹吗？所以舜责重禹，也就无异于责重百官了。第二，这段经文表现出四个主题，即教、政、礼、乐。这四个主题，也就是做股肱耳目的大臣所当尽力以赴的。宋王安石说：“敬服五教，司徒掌之，岂非左右有民？稷掌阻饥，皋陶治奸宄，岂非宣力四方？夷（伯夷）

作秩宗，岂非制衣服？夔典乐，岂非察音声？”王充耘也说：“予欲左右有民，是言教；宣力四方，是言政；观象作服，是制礼；审音出纳五言，是作乐。四者，为治之大要也。”[32]这见解我们非常乐意采纳。同时也带给我们很大的启示，我们也似乎看到了文化的起源与流衍。兹就着经文，析述其义如次。

1. 所谓予欲左右有民，汝翼：左右，可作导、助解；有，是抚的意思；翼，太史公作辅。这是说：我（舜）欲教导、安抚人民，你（禹）当辅助我。

2. 所谓予欲宣力四方，汝为：宣，有布、遍的意思。力，《周礼》卷三十《司勋》说：“治功曰力。”为，王引之谓：当读如相为之为，故有助义。这是说：我欲遍布治功于四方，你当助我功成。

3. 所谓予欲观古人之象……汝明：象，是指画像而言，也就是就其物而拟其像的意思。画日、月、星辰，是取其在上而能照临；画山，是取其镇静而又生物；画龙，是取其随时变化；画华虫，是取其有文理而又耿介。华虫，就是雉鸟。作会，郑氏读会为绘。这是说：把日、月、星辰、山、龙、华虫六物，做成图像，分别绘画在上衣上的意思。画宗彝，是取其能服猛，有智捷；宗彝，本为祭器，上画虎与蜼（wèi，长尾猴）。蔡沈《书经集传》说：“取其孝也。”画藻，是取其文秀而清洁；藻，就是水草。画火，是取其文明。画粉米，是取其能养；粉米，就是白米。画黼，是取其断；黼为斧形，刃白而銎（qiōng，斧装柄部位）黑，为两斧相背，因此也有人说：黼，是黑白相间的花纹。画黻，是取其有违而辅直。阮元说：“黻形，象两弓相背，是古弗字。”但也有人说，黻是青赤相间的花纹。（见附图一）絺绣，就是现在我们所说的刺绣。这是说：将宗彝、藻、火、粉米、黼、黻六种图像刺绣在下裳上面。这就是我们所说的十二章。蔡沈《书经集传》说：“易曰：‘黄帝、尧、舜，垂衣裳而天下治，盖取诸乾坤。’则上衣下裳之制，创自黄帝，而成于尧、舜也。”就文化的演变来看，这推测是对的。

不过这种服制，到了周代则稍有改变，以三辰（日、月、星）为旂旗，以龙为衮，以宗彝为毳，有的增减上下，变更其等差。所以《周礼·司服》有衮冕、冕、毳冕的不同。这种名称，全视其衣

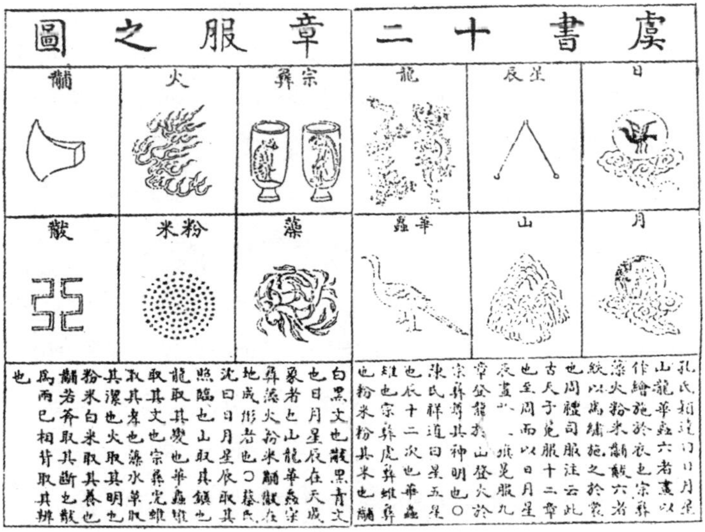

⊙ 图一　本图取自《钦定书经传说汇纂》卷首上。

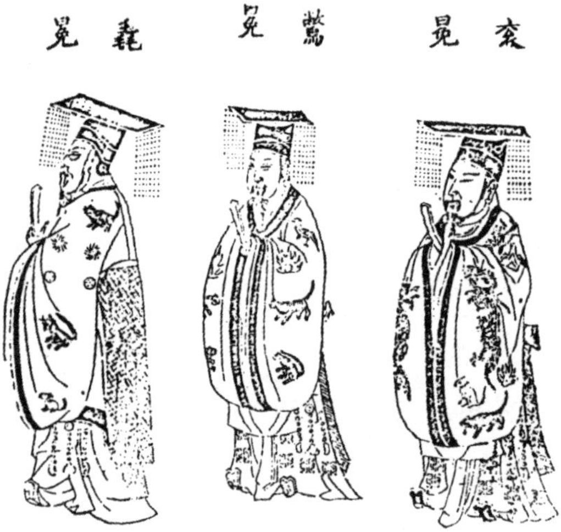

⊙ 图二 《周礼》冕服三式。取自聂崇义三礼图。

服的首章所画为何物而定，如衮，就是衮龙，衮冕九章，以龙为首。鷩，就是华虫，鷩冕七章，以华虫为首。毳，本为乱毛，此处指虎蜼而言，毳冕五章，以虎蜼为首。（见附图二）至于“以五采彰施于五色，作服，汝明”这句经文，是说把以上的十二种图像，施以五彩加以彰明，做成五等的服装，你要明白其等差的意义。

郑康成说：“性曰采，施曰色。未用谓之采，已用谓之色。此十二章为五服，天子备有，公自山、龙而下，侯伯自华虫而下，子男自藻火而下，卿大夫自粉米而下。”亦即其所说：“五服，十二也、九也、七也、五也、三也”五等的服装。[33]有关服章的说法，非常不一，兹将天子冕服及章服的等差主要学说，图示、表列于后，聊供参考（见附图三、四、表一）。

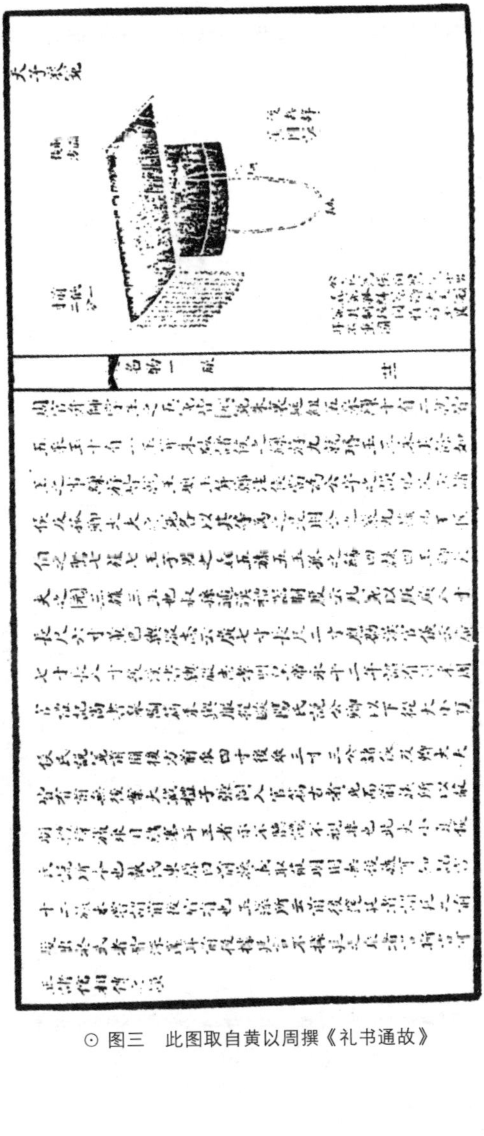

⊙ 图三　此图取自黄以周撰《礼书通故》

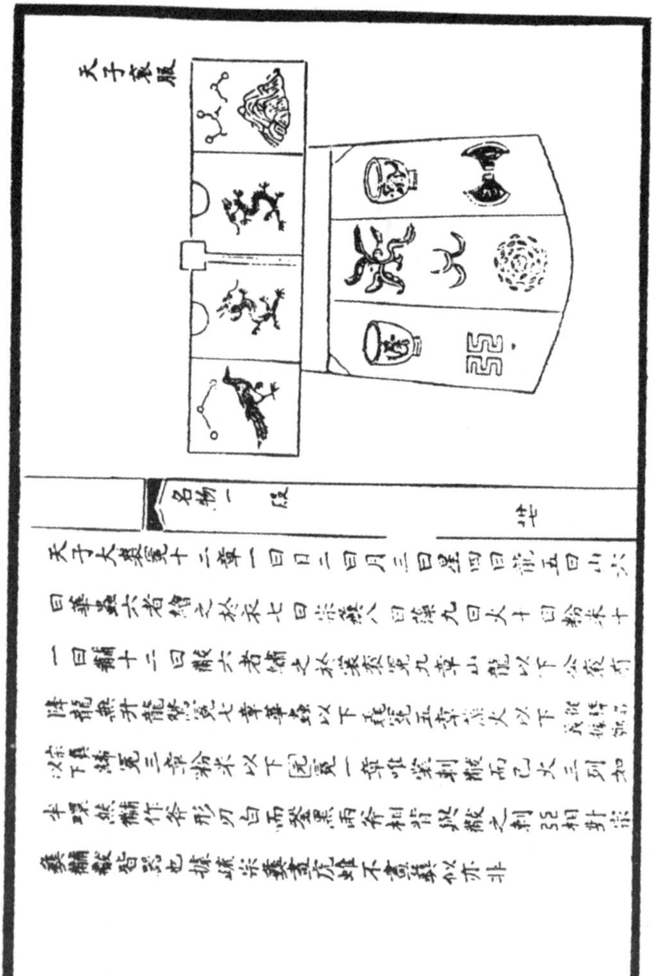

⊙ 图四　此图取自黄以周撰《礼书通故》

附：服章主要学说比较表（此表取自王关仕著《仪礼服饰考辨》）

说者	服别	章	序	数											附注
伏生	天子	华虫	作绘	宗彝	璪火	山龙								5	
	诸侯		作绘	宗彝	璪火	山龙								4	
	子男			宗彝	璪火	山龙								3	
	大夫				璪火	山龙								2	
	士					山龙								1	
欧阳	天子	日	月	星辰	山	龙	华虫	藻	火	粉	米	黼	黻	12	
	公侯				山	龙	华虫	藻	火	粉	米	黼	黻	9	
	侯伯						华虫	藻	火	粉	米	黼	黻	7	
	子男							藻	火	粉	米	黼	黻	6	
	卿大夫									粉	米	黼	黻	4	
夏侯	天子				山	龙	华虫	藻	火	粉	米	黼	黻	9	
	三公				山	龙	华虫	藻	火	粉	米	黼	黻	9	
	侯伯						华虫	藻	火	粉	米	黼	黻	7	
	子男							藻	火	粉	米	黼	黻	6	
	卿大夫									粉	米	黼	黻	4	

续表

马融	天子	日	月	星辰	山	龙	华虫	藻	火	粉	米	黼	黻	12	
	诸侯				山	龙	华虫	藻	火	粉	米	黼	黻	9	(补)
	子男						华虫	藻	火	粉	米	黼	黻	7	(补)
	大夫							藻	火	粉	米			4	
	士							藻	火					2	
郑玄	天子	日	月	星辰	山	龙	华虫	宗彝	藻	火	粉米	黼	黻	12	虞下同周
	王				龙	山	华虫	火	宗彝	藻	粉米	黼	黻	9	
	三公				龙	山	华虫	火	宗彝	藻	粉米	黼	黻	9	
	侯伯						华虫	火	宗彝	藻	粉米	黼	黻	7	
	子男								宗彝	藻	粉米	黼	黻	5	
	卿大夫										粉米	黼	黻	3	
孔传	天子	日	月	星辰	山	龙	华	虫	藻	火	粉	米	黼	黻	日月以下
	诸侯				龙								黼	黻	
															龙衮以下
	大夫								藻	火	粉	米			至黼黻
	士								藻	火					

4. 所谓予欲闻六律、五声、八音，在治忽，以出纳五言，汝听：相传黄帝时伶伦把竹管截成十二个长短不等的筒，然后吹出十二个高度不同的标准音，以确定乐音的高低，因此这十二个标准音也就叫十二律。十二律又分为阴阳两类，奇数六律为阳律，叫做“六律”，偶数六律为阴律，叫做“六吕”，合称为“律吕”。我国古书中所说的六律，通常是包举阴阳各六的十二律来说的（见附图五）。五声，就是宫、商、角、徵、羽，又叫“五音”。这五音，大致相当于现代音乐简谱上的1（do）、2（re）、3（mi）、5（sol）、6（la）。从宫到羽，按照音的高低排列起来，形成一个五声音阶。而宫、商、角、徵、羽，就是五声音阶上的五

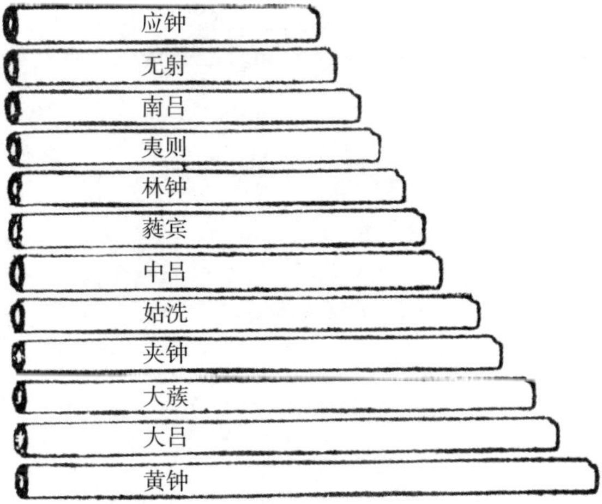

⊙ 图五　此图、表取自《中文大辞典》。

个音级。后来再加上变宫、变徵，称为“七音”，也有称为“七始”的。变宫、变徵，大致和现代简谱上的7（ti）与4（fa）相当，于是就形成了一个七声音阶。因我国古人通常都以宫作为音阶的起点，所以“宫调”的名称也就特别响亮。

十二律	月	十二支	五声	史记律书竹管之长	备考
黄钟	十一月	子	宫	八寸七分一	七分为十分之误
大吕	十二月	丑		七寸五分三	
大蔟	一月	寅	商	七寸七分二	七分为十分之误
夹钟	二月	卯		六寸一分三	疑为六十八之误
姑洗	三月	辰	角	六寸七分四	七分为十分之误
中吕	四月	巳		五寸九分三分二	
蕤宾	五月	午	变徵	五寸六分三分一	
林钟	六月	未	徵	五寸七分四	七分为十分之误
夷则	七月	申		五寸四分三分二	疑为五十一之误
南吕	八月	酉	羽	四寸七分八	七分为十分之误
无射	九月	戌		四寸四分三分二	
应钟	十月	亥	双宫	四寸二分三分二	

备考 竹管口径为一分、黄帝用昆仑山嶰谷之竹制成。

附：十二律与西洋音乐调名对照表

	西洋音乐十二律名	西洋十二平均律振动数
黄钟	d	三九〇·三三
大吕	$d^{\#}$	三〇七·五九
大蔟	e	三二五·八八
夹钟	f	三四五·二六
姑洗	$f^{\#}$	三六五·七九
中吕	g	三八七·五四
蕤宾	$g^{\#}$	四一〇·五九
林钟	a	四三五·〇〇
夷则	$a^{\#}$	四六〇·八七
南吕	b	四八八·二七
无射	c	五一七·三一
应钟	$c^{\#}$	五四八·〇七

至于八音，则是指八种乐器而言，它的名称是：金（钟）、石（磬）、丝（弦）、竹（管）、匏（笙）、土（埙）、革（鼓）、木（柷敔，zhù yù）。而五声八音的关系，今以图表示如下（见附图六）。蔡沈《书经集传》解释说："六律，阳律也，不言六吕者，阳统阴也。有律而后有声，有声而后八音得以依据。故六律五声八音，言之叙如此也。在，察也。忽，治之反也。声之道与政通，故审音以知乐，审乐以知政，而治之得失可知也。五言者，诗歌

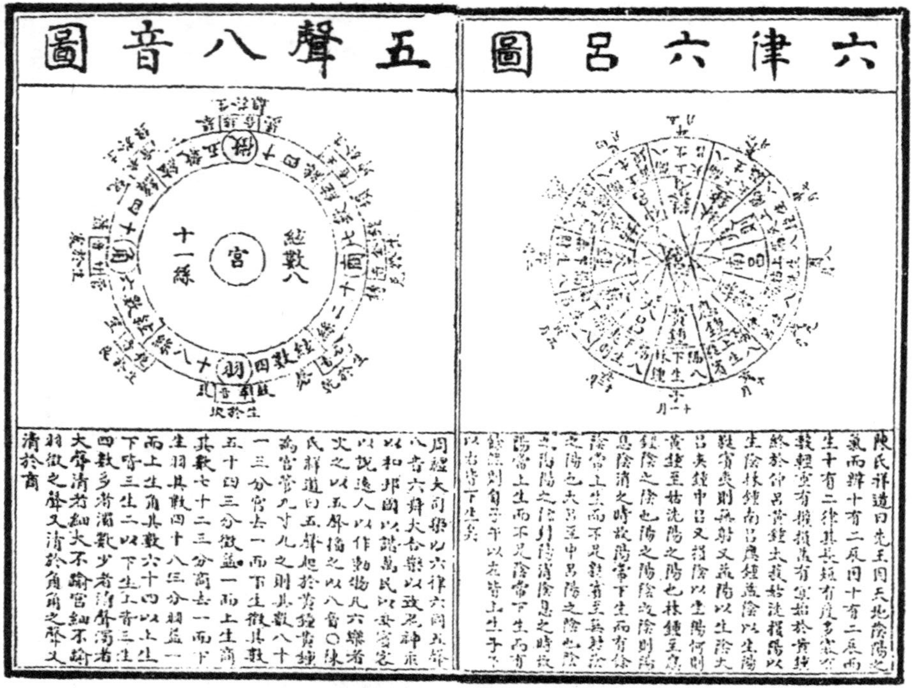

周禮大司樂以六律六同五聲八音六舞大合樂以致鬼神示以和邦國以諧萬民以安賓客以說遠人以作動物凡六樂者文之以五聲播之以八音○陳氏祥道曰五聲起於黃鍾黃鍾爲宮管九寸九之則其數八十一三分宮去一而下生徵其數五十四三分徵益一而上生商其數七十二三分商去一而下生羽其數四十八三分羽益一而上生角其數六十四以上生下者三生二以下生上者三生四數多者濁數少者清聲濁者大聲清者細大不踰宮細不踰羽徵之聲又清於角角之聲又清於商

陳氏祥道曰先王因天地陰陽之氣而辨十有二辰因十有二辰而生十有二律其長短有度多寡有數輕重有權權衡有準始於黃鍾終於仲呂黃鍾太蔟姑洗蕤賓以生陰林鍾南呂應鍾益陰以生陽蕤賓夷則無射又益陽以生陰大呂夾鍾中呂又損陰以生陽何則黃鍾至姑洗陽之陽也林鍾至應鍾陰之陰也陽之陽陰之陰則陽息陰消之時故陽常下生而有餘陰常上生而不足蕤賓至無射陰之陽也大呂至中呂陽之陰也陰之陽陽之陰則陽消陰息之時故陽常上生而不足陰常下生而有餘然則自子午以左皆上生子午以右皆下生矣

⊙ 图六　此图取自《钦定书经传说汇》卷首上。

之协于五声者也。自上达下谓之出，自下达上谓之纳。汝听者，言汝当审乐而察政治之得失者也。”关于审乐知政的言论，在《礼记·乐记》篇中表现得更为明确。《乐记》说：“凡音者，生于人心者也。情动于中故形于声，声成文谓之音。是故治世之音，安以乐，其政和；乱世之音，怨以怒，其政乖；亡国之音，哀以思，其民困。”声音与政通的道理，古人已经先得我心，孔子赞美《韶》乐的尽美尽善，当非偶然。

至于“出纳五言”之义，伪孔以为是“仁义礼智信”五德之言，施于民以成教心。然蔡沈以为“诗歌之协五声者也”。近人曾运乾先生则以为“五方之声诗也”，并引《王制》“五方之民，言语不通，嗜欲不同，达其志，通其欲”这几句话来作为依据，这见解，无异于蔡传的引申。我们就经文以六律、五声、八音察治乱来看，蔡、曾二氏的话是对的。不过孔颖达《尚书正义》对于“出纳五言”的解释也颇值得一看。他说：“君言可以利民，民言可以益君，是言之善恶，由音乐而知也。此言之善恶，亦人君之所愿闻也。政之理忽，言之善恶，皆是上所愿闻，欲令察知以告，已得安善而改恶，故帝令臣，汝当为我听审也。”因其切要，所以引在这里，借供参考。

5. 予违汝弼，汝无面从，退有后言，钦四邻：这几句话，直接道出了对大臣们的期望，那也就是说：如果天子、君上的言语、行为有背道的地方，大臣们则应以直言辅弼，谏正其过失。假如当面顺从，而退朝以后再加以是非，那就不是“弼直”了。钦，是敬的意思；钦四邻，史公作敬四辅臣[34]。伏生《尚书大传》说：“古者天子必有四邻，前曰疑，后曰丞，左曰辅，右曰弼。天子有问无对，责之疑；可志而不志，责之丞；可正而不正，责之辅，可扬而不扬，责之弼。其爵视卿，其禄视次国之君。”[35]这是帝舜明告禹，要能与“四邻”好好相处，互相敬重共辅天子的意思。宋林之奇先生最明此意，所以他说：“钦四邻者，言汝（禹）当敬汝左右前后所与比肩以事上者，与之同心协力，以辅台德也。”[36]

从以上的解析，我们可以体察到舜的所言，无不以“安民”为前提。首先言教化，其次尽力于政令的推行以建设地方，再次以服有德以彰其善，最后，则“以乐察治忽”，使民受化，其用心不可谓不深了。

（十三）明赏罚，以清政风

大臣既为天子的“股肱耳目”，理应各竭所能，各尽其力，同心一德，共为“安民”而各展抱负，如不能如是，反而比周营私，那就要接受处罚了。所以经文说：

庶顽谗说，若不在时，侯以明之，挞以记之；书用识哉，欲并生哉。工以纳言，时而飏之，格则承之庸之，否则威之。

意思是说：对于那些愚顽谗媚的人，若不能明察自己为臣的职守，为天子的股肱耳目，那就要首先用射必以正的道理来明教之，使他知羞耻。如不能觉悟悔改，就进一步用扑挞的方式加以惩治，使他皮肉受苦，永不敢忘。甚至于将其罪恶写在大方板上，系在背后，以昭炯戒。之所以这样做，其目的就是想着借此使之改过自新，不致陷入死刑。这也就是“欲并生”的意思。其次是工官则当慎于采纳人言，发现有美善的言论，即当采用，对于“庶顽谗说”，改过就进而用之，不改，就用刑威惩罚。之所以这样做，全是为了彰德刑罪，使政清人和啊！

帝舜既以翼、为、明、听勉禹辅佐，又以弼直、钦四邻相儆，这些话在“安民”上虽然大致已尽，但是对于那些愚顽谗媚的人也不能不提防，所以才表明了他的这种看法。宋黄度说：“礼以道其志，乐以和其声，政以一其行，刑以防其奸，礼、乐、刑、政，其极一也。”就刑来说，这话是不错的。

(十四) 举黎献，明庶功，无不敬应

以上帝舜所言，仅说到对于“庶顽谗说”的刑罪彰德，并没有言及“万邦黎献”的举用。所以禹并不表示完全同意，因而才提出自己的看法供舜参考。经文说：

禹曰：俞哉，帝！光天之下，至于海隅苍生，万邦黎献，共惟帝臣。惟帝时举，敷纳以言，明庶以功，车服以庸。谁敢不让？敢不敬应？帝不是，敷同日奏，罔功。

意思是：禹说："话是不错，不过，帝啊！您不要忘了，普天之下，四海之内的百姓，以及所有国家的众贤人，都是帝的臣子，希望帝能随时举用他们。然而举用贤人，也是有条件的，譬如说要取纳以言，来观察他的志向，明告众庶因用其言而有了很大的建树。然后再以车服来赏赐他，以酬报他的功劳。在这种情况下，谁还能不推贤尚善？还能不勤于其职，勤于修为，以求不负天子教化陶成的德意？假如帝舍此不取，而只是普同无别，虽然每日都在进用人才，但也不会有任何功绩可言。"

这种以纳言观志、叙功酬庸的办法，禹能及时提出以补舜言的不足，这不仅可以看出禹的处事周详，同时更可看出他的忠贞。君臣之间已经到了知无不言、言无不尽的交融地步。这也就无怪乎有人说："帝意责难于臣，臣意责难于君，犹君臣交儆意也。"[37]其次则说明一件事理的真相，那就是能使贤愚分明，人方能安分而无妒心，所以能推贤尚善。而名器不渎，人就不敢傲慢不慎，故能无不"敬应"。就心理说，这话并没有错，不过在古代，由于制度的不同，所以往往也会形成不同的风气，如《御览》六百三十七引《韩诗外传》的话说："古者必有命，民有能敬长怜孤、取舍好让者，命于其君，然后敢饰车骈马；未有命者，不得乘车，乘车皆有罚。是故其民虽有钱财侈物，而无礼义功德，即无所用其钱财。故其民皆兴仁义，而贱不争贵，强不凌弱，众不暴寡，是唐虞之所以象典刑而民莫敢犯也。"《春秋繁露·制度》篇也说："贵贱有等，衣服有别，朝廷有位，乡党有序，则民有所让，而民不敢争，所以一之也。《书》曰：舆服有庸，谁敢不让，敢不敬应，此之谓也。”这两段言论，我们虽不敢断定在唐虞之世是如此，但最起码有此传说，而且汉代的学者们也多如此认为，这是可以想见的。平心而论，以一个人的言论、功绩来作为考核的标准，虽不敢说十全十美，但退一步说，也不致相差太远。因此，它是可以作为凭借的。

（十五）舜以丹朱戒禹，禹亦以“苗顽弗即工”之念勉舜

帝舜鉴于尧子丹朱的傲慢、戏谑，因以戒禹不可私其不肖子，当以天命为重。禹因叙其娶妻生子，以及治水弼成的经过，今虽天下已定，然而仍有苗民不服治化，借以提醒帝舜的注意。经文说：

帝曰[38]：无若丹朱傲，惟慢游是好，傲虐是作，罔昼夜頟頟；罔水行舟，朋淫于家，用殄厥世。禹曰[39]：予创若时：娶于涂山，辛壬癸甲。启呱呱而泣，予弗子，惟荒度土功。弼成五服，至于五千；州有十二师；外薄四海，咸建五长。各迪有功，苗顽弗即工，帝其念哉。

意思是：帝舜说：“我们千万不能像丹朱那样傲慢，喜好游荡而又戏谑成性，甚至不分日夜地坐在船中，使人摇晃着推行不止，而且又朋比淫乱于家中。你知道，我最痛恨奸邪谗说的人，

因此我断绝了他的世代相继。”

在表面上看来，这段话是单指丹朱而言，其实是借此儆禹，使他不要溺爱其子，致使像丹朱一样。这种看法，前人早已说过，如《汉书·楚元王传》刘向上奏说：“臣闻帝舜戒伯禹，毋若丹朱敖。”王充《论衡·问孔》篇也说：“《尚书》毋若丹朱敖，惟慢游是好，谓帝勅禹，毋子不肖子也。重天命，恐禹私其子，故引丹朱以勅戒之。”禹听了帝舜的话之后，也就很自然地表明了自己的心意。所以他说：“从事治水工作开始不久，我就娶了涂山氏的女儿，结婚刚过三宿，就奉命又去治水，后来虽屡次经过家门，从没有进去看看，即使听到启呱呱的哭声，我也没有时间去抚育教养他，只是忙着平治水土的事业，水土平治以后，就辅佐天子规划完成五服的地方行政制度，使国土东西南北相合，各有五千里，而且每州又划分为十二个师，以治理地方。九州以外，一直达到四海，每五个小国，立一首长，来护卫帝室。如此一来，九州五长都能顺从治化，而且卓有功效，只有苗民顽劣，不服治化，不就事功，帝当以此为念啊！”

这段话，禹不仅陈述了以往的行事，由其陈述，已可隐见不敢“私不肖子也”了。同时又针对当前国家大势，作了一个适度的分析，提醒帝舜应当留意的地方。其用心，诚可谓既深且远了。怪不得林之奇评论他说：“禹拯生民之难，思天下之溺，由己之溺，不暇顾妻子，至于沐雨栉风，股无胎，胫无毛，而不以为劳，其志如此，举天下声色嗜好，曾何足以易此志哉！”[40]平心而论，这说法是非常切要的。帝舜之所以让位于禹，当非偶然。至禹弼五服的说法，有今古文的不同。今文家以中国方五千里，古文家则以为万里。兹以古文家说，列尧制五服及禹弼五服图于此，以供参考。（见附图七）

（十六）舜德广布，皋、禹功显

既然禹提出了“惟有苗民不服治化，帝其念哉”的劝勉之语，那么如何才能使之服顺，以即工就序？圣人治民，以德为先，此亦当不例外，如不从德，那也唯有威之以刑了。所以经文说：

帝曰：迪朕德，时乃功惟叙。皋陶方祗厥叙，方施象刑，惟明。

意思是：帝舜说：“既然苗民不即工就序，不服治化，这是因我德薄能鲜所致，是以唯一的方法，就是‘迪朕德’了。诚能修德以化，那就一定可收三苗唯叙的大功了。”在一旁一直没有说话的伯夷适时地接口说：“现在皋陶不是正在很小心谨慎地从事安顿苗民的工作吗？不仅如此，他还正在大力施行示以常刑，务必做到明察而中正。由于皋陶的宣德明刑，我想苗民不久一定就会即工就序，服从治理的。”[41]

这段经文，我们之所以采取这样的说法，是因为一则圣人有谦德，绝不会自伐。换言之，舜不可能说“禹的治水成功，完

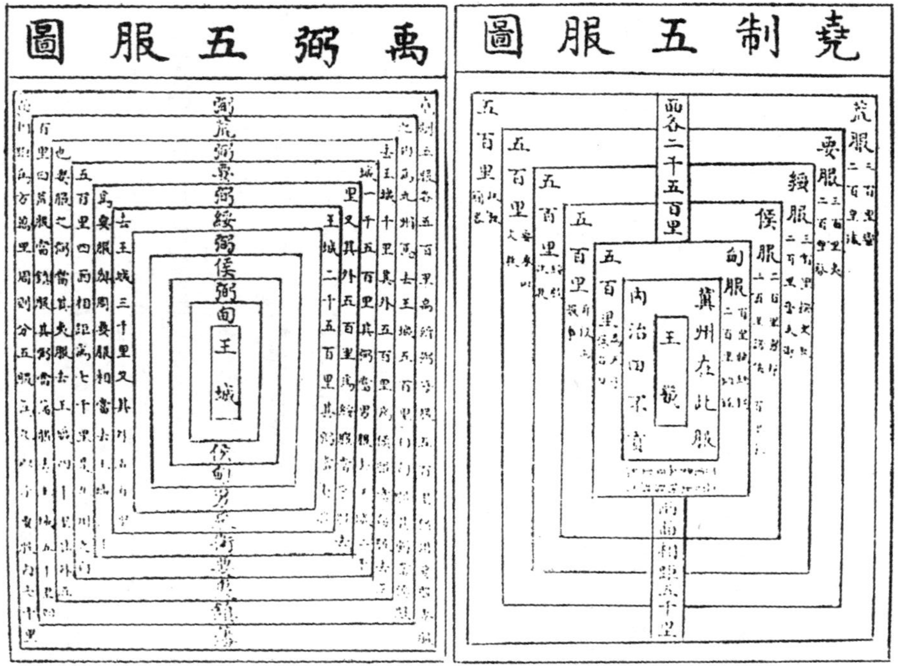

⊙ 图七　此图取自《钦定书经传说汇纂》卷首上。

全是由于蹈行其德”这句话的，即使明明如此，圣人也不会自张其能。然而在这里我们要强调的一点，就是皋陶之所以能“方祗厥叙，方施象刑，惟明”，确是由于禹治水功成和五服既定。所以郑康成说：“（舜）归美二臣。”太史公也说：“皋陶于是敬禹之德，令民皆则禹，不如言，刑从之，舜德大明。”由舜德大明一语，可以使我们领悟到，敬禹、则禹，就是敬舜、则舜。是以伏生《尚书大传》引孔子的话更进一步地说：“昔舜左禹而右皋陶，不下席而天下治。”[42]这些说法，都能助我们对经文作更深一层的了解。

（十七）语终言乐，夔明其理

经文说：

夔曰：戛（jiá）击、鸣球、搏拊、琴、瑟以咏，祖考来格，虞宾在位，群后德让。下、管、鼗（táo）、鼓，合止柷（zhù）、敔（yǔ），笙镛以间，鸟兽跄跄（qiāng），箫《韶》九成，凤皇来仪。夔曰：于！予击石拊石，百兽率舞，庶尹允谐。

意思是：夔说：“乐有堂上、堂下的分别。堂上之乐，就乐器说，有戛击、鸣球、搏拊、琴、瑟五种[43]，在清庙祭祀的时候，乐器同时演奏，并歌诗以颂扬先王的功烈德泽，此时祖考的神灵自天而降，在位以飨[44]，与祭的诸侯也都能以德互相礼让。至于堂下之乐，就乐器言，则有竹管、手鼓、鼓以及合止乐的柷、敔。另外再加上笙与钟，和堂上之乐相间以奏（见附图八），即使是鸟兽也会被乐所感而翔舞。等到由各种乐器奏出《韶》乐，而曲调更奏至九变的时候，即如那灵鸟凤凰也会相感而飞来。”说到这里，夔尚意犹未尽地说：“噢！我可指挥乐工，用轻重不同的手法，敲击大小不同的石盘，使之更为动听，百兽将因此相率而舞，而众官之长也将受乐声所感而真能和谐了。”

我们之所以作这样的说明，是因为就全篇来讲均为对话体，而当舜、禹、皋陶谈话终结的时候，夔出而“言乐”，是极其自然的事。又因本段经文有两个“夔曰”，《尚书》家多半从太史公的见解，将第一个“曰”字解为于是，又把“戛击”看作动词，这样一来，无形中就等于夔特地在等候他们语毕而奏音在助兴了。而且既然是三人在相互问答，又何来的“虞宾”、“群后”？这与祭祀又能扯上什么关系？况且还有一层，那就是第二个“曰”字，又何以作“说”解？蔡沈未见及此，所以他说：“此章夔言乐之效，其文自为一段，不与上下文势相属，盖舜之在位，五十余年，其与禹、皋陶、夔、益相与答问者多矣，史官取其尤彰明者以昭后世，则是其所言者，自有先后，史官集而记之，非其一日之言也。诸儒之说，自《皋陶谟》至此篇末，皆谓文势相属，故其说牵合不通，今皆不取。”就是因为蔡氏发现“此章”中有很多讲不通的地方，如舜、禹、皋陶三人谈话终结，夔的言乐固无不可，但何以“祖考来格，虞宾在位，群后德让”？根据传统

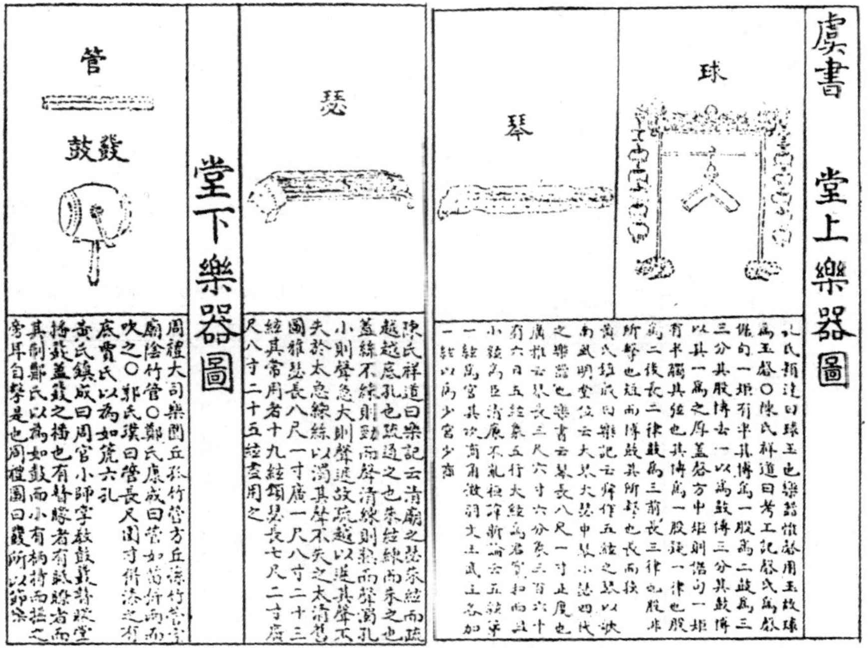

⊙ 图八　此图取自《钦定书经传说汇纂》卷首上。

案：堂上乐器、戛云、搏拊二物，已不可考，姑且缺如。

簫

鏞

笙

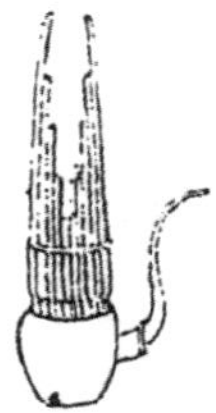

柷

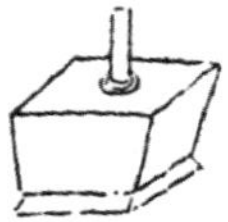

敔

孔氏穎達曰樂之初擊柷以作之樂之將末戛敔以止之釋樂云所以鼓柷謂之止所以鼓敔謂之籈郭璞云柷如漆桶方二尺四寸深一尺八寸中有椎柄連底橦之令左右擊止者其椎名也敔如伏虎背上有二十七鉏鋙刻以木長一尺櫟之籈者其名也

陳氏祥道曰周禮笙師掌教吹竽笙爾雅大笙謂之巢小者謂之和先儒謂笙列管匏中施簧管端大者十九簧小者十三簧笙長四尺黃金鍱爲之蓋衆管在匏有巢之象故大笙曰巢大者倡小者和故小笙曰和

考工記鳧氏爲鐘兩欒謂之銑銑間謂之于于上謂之鼓鼓上謂之鉦鉦上謂之舞舞上謂之甬甬上謂之衡鐘縣謂之旋旋蟲謂之幹鐘帶謂之篆篆間謂之枚枚謂之景于上之攠謂之隧○聶氏崇義曰銑謂鐘口兩角于鐘脣之上袪也鼓所擊處甬鐘柄也旋蟲以虎爲飾也帶介於鼓鉦舞甬衡之間枚鐘乳也每處有九兩面三十六攠所擊之處也○蔡氏沈曰鏞大鐘也詩賁鼓維鏞是也

陳氏暘曰簫參差象鳳翼○郭氏璞曰大者編二十三管長尺四寸小者十六管長尺二寸○孔氏穎達曰韶是舜樂簫乃樂器○蔡氏沈曰簫古文作箾舜者所執之物箾韶蓋舜樂之總名今文作簫故先儒以簫管釋之

的说法，这当然是祭祀了。我们如不作如是观，只把它看作夔言乐的一种功效，这一方面固可增加乐的价值，同时也能与三人谈话的情形相接，这并没有什么“牵合”勉强的地方。至于堂上、堂下演奏的次序，先儒已为我们作了解答。唐孔颖达《正义》说：“乐之作也，依上下而递奏，闲合而后曲成，祖考、尊神，故言于堂上之乐；鸟兽、微物，故言于堂下之乐。九成致凤，尊异灵瑞，故别言之，非堂上之乐独致神格，堂下之乐，偏能舞兽也。”

既然是“言乐”，自应说明乐的作用、功能和价值，夔的话在这方面是不是表达得很透彻？如以言人，就可以使“群后德让”、“庶尹允谐”。如以言鸟兽，就可以使之“跄跄”、“率舞”、“来仪”。这种功用和价值，还不够大吗？简朝亮说：“堂上之乐，亦感鸟兽，堂下之乐，亦感神人；乐成而感凤凰之灵，则神人与物无不感矣。”㊺我们认为这说法是对的。

（十八）即兴作歌，尤见交互规勉之深义

经文说：

帝庸作歌曰：敕天之命，惟时惟几。乃歌曰：股肱喜哉，元首起哉，百工熙哉。皋陶拜手稽首，飏言曰：念哉！率作兴事，慎乃宪，欲哉！屡省乃成，钦哉！乃赓载歌曰：元首明哉，股肱

良哉，庶事康哉！又歌曰：元首丛脞哉，万事堕哉！帝拜曰：俞，往钦哉！

帝舜因了皋陶的陈谟，大禹的相勉，又感于夔的言乐，遂引发其志，即兴作歌。先序作歌的用意，是要戒慎天命，当无时、无地、无事而不深加敬谨。然后唱出了自己的心愿："作为股肱的大臣，能协和尽忠啊！而元首的治功就能振起，各种事功也才能兴盛啊！"这当然是勉励大臣的话，可是这种戒惧儆惕是极其必要的，因为"天命无常，理乱安危，相为倚伏，今虽治定功成，礼备乐和，然顷刻谨畏之不存，则怠荒之所自起，毫髦几微之不察，则祸乱之所自生。"[46]又怎可不戒惧儆惕？这大概就是帝舜先为述说其所以作歌的意义了。

皋陶听到帝舜的咏歌以后，马上也引发了他的作歌兴趣，于是向舜行一个最敬礼，然后先用较大的声音，陈述作歌的意义，说："帝，您要时刻思念着啊！元首当为股肱的先导，尤当谨慎您的法度，要敬谨啊！要知道，兴办事业，最易招惹纷更，所以要多作省察考核，使事事核实而无欺蔽，如是事功始可有成，所以要特别敬谨啊！"这话说完以后，皋陶接着咏歌道："君宜明哲，臣宜贤良，众事安定。"江声评论这首歌说："皋陶先言元首，责难于君之谊也。"接着皋陶又歌唱道："元首细碎无大略，大臣懈弛不进取，万事皆将败坏啊！"简朝亮评论说："君能知人以官人，君圣明则臣贤良，众事由是安矣。所谓谟明弼谐，庶明励翼也。君不能知人以官人，君兼众事而烦琐，则臣不任事而懈力，万事由是坏矣。”

帝舜听了皋陶的歌咏，马上向他致敬说：“是啊！那就让我们以后相互敬谨从事吧！”吴闿生评论说：“郅治之隆，及君臣相得之美，非言语、文字所能尽。”[47]细味其言，确能使人感到有一种“言有尽而意无穷”的隽永。这种开诚布公、推心置腹、毫无隐私、坦率真挚、相互责勉的行为，永为后人的典范。

三、结语

圣贤治国无不以“德”为尚，而二帝三王尤能以此为兢兢。我们读了《皋陶谟》以后，更能证实此一观点的丝毫不爽。孔老夫子说：“为政以德，譬如北辰，居其所而众星共之。”[48]如观察不真，体验不切，又何能言此？《皋陶谟》的主旨，就是在强调、阐发德治的重要。而德治的根本，在于修身，修身就是修德。所以本篇一开始，皋陶就说：“允迪厥德”。这与《尧典》的“克明俊德”又有何异？能修德，方可知人，能知人，方可安民。这种次第的开展，又哪一样不是“据于德”的？德既然如此重要，在这里，我们不妨多说几句。

（一）德，实为仁、智、聪明、才能的总和，所以在古籍中所见，大多单以“德”字勉人，我们读了《尧典》、《皋陶谟》以后，更可证明这一点。尧、舜、禹三圣人我们不必再说，就算是他们所任用的大臣，又哪一位不是有“德”的人？春秋战国以后，王纲解纽，诸侯“恶礼乐之害己”，至此而才德分家。到了三国，曹操用人更是唯“才”是举。流传至今，“德”之一词，反被误认为是“老实、无能”的代称，岂不可悲！

（二）《淮南子·齐俗训》说：“得其天性之谓德。”孙星衍解释说：“天性，谓五常之性。”五常有两种说法，一为仁、义、礼、智、信，一为君臣、父子、夫妇、兄弟、朋友。不管怎样说，它都应该包括才能在内。

（三）许慎《说文解字》心部“悳”下说：“外得于人，内得于己也。”段注：“内得于己，谓身心所自得也。外得于人，谓惠泽使人得之也。”一个能内得于己，外得于人的人，如不具备才德，又如何能做得到？

（四）《韩诗外传》卷五说：“德也者，包天地之大，配日月之明，立乎四时之周，临乎阴阳之交。……至精而妙乎天地之间者德也。”这种说法，可使我们领悟到德不仅是一种真理，同时也是无所不宜的。圣人的法天而行，其德之大，含蕴之广，也就可想而知了。

我们知道了德为一切的根本，那也就不难了解《尧典》、《皋陶谟》，为什么一开始就说“克明俊德”和“允迪厥德”了。就全篇内容说，我们一共分为十八目叙述，层次是随着经文逐渐展开的。由皋陶的“迪德”、“知人”、“安民”，进而到舜、禹的互儆、规勉，处处表出圣人的率直无私，知无不言，言无不尽的胸襟，尤其是那种有则改之，无则加勉的态度以及虚心承教的精神，绝不是我们后人可望其项背的。在他们的言语之间，充满了关怀，充满了和谐，更充满了乐与人为善的情操。君臣之间能相处若是，还怕不能收上行下效的善果？还怕社会不能风淳俗美？还怕人民不能力图进取向善？

就经文的结构说，安排得相当有次序，而且能前后呼应。如一开始皋陶即以“允迪厥德”勉舜。可是当禹提出“苗顽弗即工，帝其念哉”的时候，舜马上就说：“迪朕德”，这真可说是以“迪德”始，“迪德”终了，并且更进一步地说明，也唯有自己修德，方能使苗民即工就序的看法。因此导致了在旁一直没说话的伯夷，不得不插嘴道：“皋陶正在大力而敬谨地从事这安顿就序的工作，并示以常刑，使其知所遵守，务期做到明察公允的地步。”这种以德始，以德终的安排，不仅增加了经文的贯连性，同时也使文义、文气能前后呼应，融为一体，使人觉得在结构上格外紧凑。

就文体说，虽然是谟，但通篇却是以说话的方式表现事理，所以读起来并不觉得有什么衔接不上或牵强的地方。为了强调这一点，我们有条件地变更了几个地方，例如禹曰：予娶涂山的“禹曰”，我们把它移到前段最后一句“予创若是”的上面，这样两段的义理才能连贯。因前段帝曰：无若丹朱傲……是舜借丹朱之例戒禹不可私其不肖子，下一段禹则叙述自己从开始治水、结婚，到弼成五服，各迪有功的一段经历。“八年于外，三过家门而不入”，又哪有时间私其子？这样一移动，文气不仅连贯，而且立即生动活泼了起来。同时更可以使我们领悟到禹的所述绝不是自伐其功，而是就着事情的经过，说明即便是想私其子而实际上也是不可能的。所以最后，以他的观察、实际了解，认为“苗顽弗即工，帝其念哉！”帝舜才以修德感召相答，而且此时伯夷也乘机加以补充说明，皋陶“方祗厥叙，方施象刑，惟明”相辅，这不就更表明舜的治理是主张恩威并重的吗？也唯有“恩威”并重，才能收到政治上的最大效果。

至于夔曰：戛击、鸣球……至庶尹允谐一段，由于太史公将“曰”字说为“于是”，后人多从其说，认为是夔在三人语毕后作乐。我们之所以不想援例，那是因为一方面夔的出现，也正如当皋陶陈谟以后，突然有“帝曰：来，禹！汝昌言”的情景，《尚书》家以为由此记载，可知当皋陶、禹答问对话的时候，帝舜在一旁默识心领，并未出一言，至此才使人恍然大悟，原来舜在一旁全神贯注地倾听，咸以为史家妙笔。然而这里的“夔曰”，我们为什么不作如是想？不同样的也是妙笔吗？另一方面，夔既掌乐，当然对乐理及乐的功用、价值了解最为清楚，而且古人对于乐一向是很重视的，其重视的程度并不亚于其他，起码是与礼等量齐观的，因此我们认为夔在此出而言乐，也是极其自然的事。蔡氏认为“自为一段，不与上下文势相属”，我们不同意这种说法，道理已在前文中解析，在这里也就不再多说了。

就本篇最后一段赓歌说，我们认为它有不同凡响的价值。就正史所载，它应该是最早的诗歌了，而且有序有诗，古朴无华，率直明诚，味之甘美，寓义无穷。虽不能使人回肠荡气，但却能给人多方面的启发，不能说不是一首好诗！宋林之奇先生说：“舜与皋陶之赓歌，三百篇之权舆也，学诗者，当自此始。”[49]我们同意这种说法。

除去文学上的价值外，在政事上的价值尤不可估量，在这里，我们想引范祖禹的话作为说明。他说：“君以知人为明，臣以任职为良。君知人，则贤者得行其所学，臣任职，则不肖者不得苟容于朝，此庶事所以康也。若夫君行臣职，则丛脞矣；臣不任君之事，则堕矣；此万事所以堕也。”[50]话虽不多，意义却很深长。我们看了这些文字，于任职处事之间，能无所感悟？

【注释】

①关于皋陶的记载甚纷，兹分述如次。

《左传·文公五年》：“臧文仲闻六与蓼灭，曰：皋陶庭坚不祀忽诸。”又《左传·文公十八年》：“昔高阳氏有才子八人：苍舒、隤敳、梼戭、大临、尨降、庭坚、仲容、叔达。”杜注：“此即垂、益、禹、皋陶之伦也。庭坚，即皋陶字也。”竹添光鸿会笺云：“庭坚为八凯之一，六为皋陶之后，而蓼则庭坚之后也。”《左传·文公十八年》注：庭坚即皋陶字，若庭坚即皋陶，则臧文仲不应连言之，且尧、舜、禹，天子也，而《尚书》皆称其名，是唐虞之时，未有字也。班孟坚谓《左传》庭坚即皋陶，六、蓼，皆皋陶后。"郑康成《论语注》从之，实误也。《世本》：皋陶之后有英、六、舒庸、舒蓼、舒鸠、舒龙、舒鲍、舒龚，皆偃姓也。"《史记·夏本纪》亦曰"封皋陶之后于英、六。"《世纪》曰："皋陶，生于曲阜之偃地，故帝因之而赐姓曰偃，以此证之，则皋陶为偃姓甚明，其后及英、六，非蓼也。"

《论语·颜渊》篇："舜有天下，选于众，举皋陶，不仁者远矣。"清刘宝楠《正义》云："郑注云：皋谟为士师，号曰庭坚。"按：《书·舜典》命皋陶曰：汝作士。《孟子·尽心》篇亦云："皋陶为士，不名士师也。"疑师字误衍。周官有士师，属大司寇，以下大夫为之。《左传·文公五年》："皋陶庭坚。"又《左传·文公十八年》："高阳氏才子八人有庭坚。"杜注："庭坚即皋陶字，是皋陶号庭坚也。"

《路史·后纪七》："初，帝（少昊）裔子取高阳氏之女曰修，生大业。大业取少典氏女曰华，生繇（按：繇，今作陶）。繇生马喙，忠信疏通，劧而敏事，渔于雷泽，虞帝求旃以为士师，繇一振褐，而不仁者远。"注云："繇生曲阜，季代历云：少昊四世孙，世以秦纪言女修，遂谓高阳之后。"……又于眉注云："按皋陶一名庭坚，字隤，颛顼高阳氏之后也。昔高阳氏有才子八人……齐圣渊广，明允笃诚，天下谓之八凯，而庭坚其一焉。"《淮南子》曰："皋陶瘖而为大理，天下无虐刑。"

《史记·夏本纪》正义引《帝王纪》云："皋陶生于曲阜，曲皋偃地，故帝因之而以赐姓曰偃。尧禅舜，命之作士。舜禅禹，禹即帝位，以咎（按：咎，今作皋）陶最贤，荐之于天，将有禅之意，未及禅会皋陶卒。”

《太平御览》卷第六百三十八《刑法部》四、《律令》下引《傅子》曰：“律是咎繇遗训，汉命萧何广之。”又于卷六百四十三《刑法部》九《狱》下引《急就》篇曰：“皋陶造狱。”《说文》云：“狱，谓之牢。”

《北堂书钞》十七引《竹书纪年》：“命咎陶作刑。”

② 见《书疏·益稷疏》及孙星衍《尚书今古文注疏·皋陶谟》第二上注疏及《书序》注疏。

③ 见《孔孟学报》第四十三期。篇名为《尚书尧典大义探讨》。

④《汉书·艺文志》：“古之王者，世有史官，君举必书，所以慎言行、昭法式也。左史记言，右史记事，事为《春秋》，言为《尚书》，帝王靡不同之。”

⑤ 见《论语·子路》篇。

⑥ 见《孟子·离娄上》篇。

⑦ 见《钦定书经传说汇纂》引王氏《樵语》。

⑧ 见林氏《尚书解》卷五，汉京索引本《通志堂经解》十一册，六五三八页。

⑨ 见刘逢禄著《尚书今古文集解》，商务人人文库本。又：《中庸》九经为：修身也、尊贤也、亲亲也、敬大臣也、体群臣

也、子庶民也、来百工也、柔远人也、怀诸侯也。

⑩ 见蔡沈《书经集传》引。世界书局本。

⑪ 见《钦定书经传说汇纂》卷三引。

⑫ 见孙星衍《尚书今古文注疏》卷二上引。

⑬ 宣，著也，显也，明也。浚，深也。家，谓大夫之家。严，马融读作俨，孙疏：矜庄的样子。亮，相也、辅也。采，事也。翕，合也。敷，普遍也。施，用也。俊乂，郑康成曰：才德过千人者为俊，百人为乂。抚，循也、顺也。五辰，五星也，即金、木、水、火、土也。百僚、百工，蔡氏谓皆谓百官，言其人相师则曰百僚，言其人之趋事，则曰百工。按：僚、工，均可作官解。凝，成也。

⑭ 见林氏《尚书解》卷五，汉京索引本《通志堂经解》十一册，六五四一页。

⑮ 见《钦定书经传说汇纂》卷三引。

⑯ 同上。

⑰ 见《书疏》及孙星衍《尚书今古文注疏》。

⑱ 见《钦定书经传说汇纂》卷三引。

⑲ 见《增修东莱书说》卷四。

⑳ 见《钦定书经传说汇纂》引。

㉑ 朕，予也，皋陶自称，古“朕”字可通用，不限于天子。惠，顺也。厎，致也。乃，犹汝也。绩，功也、成也。赞襄，谓佐助治理也。

㉒ 见《钦定书经传说汇纂》卷三引。

㉓ 四载，太史公说为：陆行乘车，水行乘舟，泥行乘橇，山行乘檋。橇，《汉书》作毳，如淳曰："毳，以版置泥上，以通行路也。"孟康曰："毳形如箕，擿行泥上。"《正义》："橇形如船而短小，两头微起，人曲一脚，泥上擿进，用拾泥上之物，今杭州、温州海边有之也。"檋，《史记·河渠书》作桥，《说文》作欙，《汉书》作梮。韦昭云："梮，木器也，人举以行。"如淳曰："橇车，谓以铁如锥头，长半寸，施之履下，以上山不蹉跌也。"《正义》："上山，前齿短，后齿长；下山，前齿长，后齿短也。檋音与。"

㉔ 见《钦定书经传说汇纂》卷三引。

㉕ 同上。

㉖ 见简朝亮撰《尚书集注述疏》卷二。

㉗见吴闿生撰《尚书大义》。

㉘蔡沈语，见《书经集传》卷一。

㉙ "其弼直"之直，太史公作"辅悳"，孙星衍疏：直当为悳坏字，按：悳，今作德。

㉚见孙星衍《尚书今古文注疏》引。

㉛同上。

㉜二王所言，见《钦定书经传说汇纂》卷三引。

㉝见曾运乾著《尚书正读》。

㉞史公语，见孙星衍《尚书今古文注疏》引。

㉟见王天与撰《尚书纂传》卷三下，汉京索引本《通志堂经

解》十三册。

㊱见林氏《尚书解》卷六，汉京索引本《通志堂经解》十一册。

㊲曾运乾语，见所著《尚书正读》。

㊳帝曰二字，据《史记·夏本纪》补。孙星衍《尚书今古文注疏》云："无若丹朱傲上，古文今文俱有帝曰二字，伪传脱之也，史公有之，盖孔安国故如此。"

㊴予创若时句，王充《论衡》卷九《问孔》篇，于其上加禹曰二字，并写作"予娶若是"，高本汉《书经注释》(二一八页)非常同意《论衡》之见。孙星衍《尚书今古文注疏》、刘逢禄《尚书今古文集解》，均曾言及。然均仍以此句为帝舜语。衡之文理，当以《论衡》之说为是。

㊵见林氏《尚书解》卷六。

㊶经文：皋陶方祗厥叙，方施象刑、惟明二语，孙星衍先生以为伯夷所语，并云："此下虞史伯夷所述，非舜言也。史公说伯夷语帝前，即此。"今从其说。

㊷见《皇清经解续编》，汉京本二册，陈寿祺《尚书大传》辑校，一一八三页。

㊸吴闿生《尚书大义》云："戛击，《文选·长杨赋》作拮隔。隔，即鬲羌钟融字，融即钟属。拮隔与鸣球对文。"搏拊，郑氏云：以韦为之，装之以穅，所以节乐。见孙星衍《尚书今古文注疏》。按：搏拊，鼓属。鸣球，即玉磬。

㊹虞宾在位，这句经文历来解《尚书》者，均以丹朱相指，谓丹朱为虞舜之宾。然与甲骨文中的“贞王宾某某”，《尚书·洛诰》中的“王宾、杀禋、咸格”合观，然后再参以罗振玉的解释，以及本经上下文句，则知“虞宾”一词，实应指虞舜祖先的神灵解。详请参阅高本汉《书经注释》上，虞宾在位下之解说，二二九页至二三〇页。

㊺见简朝亮著《尚书集注述疏》卷二，鼎文书局本，九〇页。至夔言乐之感神大鸟兽，历来均有持反对意见者。蔡沈《书经集传》于此有详尽之发挥。《集传》卷一注云：“《风俗通》曰：‘舜作箫笙以象凤，盖因其形声之似，以状其声乐之和，岂真有鸟兽凤凰而跄跄来仪者乎？’曰：是未知声乐感通之妙也。瓠巴鼓瑟，而游鱼出听，伯牙鼓琴，而六马仰秣。声之致祥召物，见于传者多矣，况舜之德致和于上，夔之乐，召和于下，其格神人、舞兽凤，岂足疑哉！今按：季札观周乐，见舞《韶箾（shuò）》者曰：德至矣，尽矣，如天之无不覆，如地之无不载，虽甚盛德，蔑以加矣！夫《韶》乐之奏，幽而感神，则祖考来格；明而感人，则群后德让；微而感物，则凤仪兽舞。原其所以能感召如此者，皆由舜之德，如天地之无不覆焘也。其乐之传，历千余载，孔子闻之于齐，尚且三月不知肉味，曰：不图为乐之至于斯，则当时感召，从可知矣。”

㊻蔡沈语。见《书经集传》卷一。

㊼以上江声语，见所著《尚书集注音疏》，汉京重编本《皇清

经解》十一册，六五六五页。简朝亮语，见所著《尚书集注述疏》，鼎文本。吴闿生语，见所著《尚书大义》，中华书局本。

㊽见《论语·为政》篇。

㊾见林氏《尚书解》卷六，汉京索引本《通志堂经解》十一册，六五六五页。

㊿见《钦定书经传说汇纂》卷三引。

第四章　禹贡山水

《禹贡》本为《尚书》中的一篇，就内容说、不仅涵盖了我国古代的政治疆域，同时对于这个疆域中的山山水水，土壤贡赋也有极明确的记载。因其包罗宏富，影响深远，所以历代的《尚书》研究者们都特别重视它。在解释上，各逞所见，格外详细。也就是因为如此，才导致了“言人人殊”的困扰。自宋易祓著《禹贡疆理广记》，而《禹贡》就更加为人重视了，因而专释《禹贡》的著作也就多了起来。像程大昌的《禹贡论》，傅寅的《禹贡集解》以及朱鹤龄的《禹贡长笺》等，就是在这样的情况下产生的。一直到胡渭的《禹贡锥指》出，才能去芜存菁，始有条理可循。其后，蒋廷锡的《尚书地理今释》更能廓清前儒的错误，并注明所在当时行政区划地名。此书一出，治《尚书》的人无不称便。后来又有一位徐文靖先生，他是清代雍正时代的举人，继胡渭之后，又著了一部《禹贡会笺》，对《禹贡》内容的阐释就更为精密了。因此，如果我们现在要想对《禹贡》中所涉及的山水有所确认，只要就着先贤的这些著作，再配以现代的地图，就会有“按图索骥”的方便，而对于《禹贡》的疆域轮廓也就不难想象了。所以本章在叙述方面，不在于疆域四界的描绘，而着重于意义的阐发，道理也就在此。现在，就让我们按照禹贡解题、九州敷土、九州山水、治平措施、地平天成以及价值影响等项，逐一叙述如下。

一、禹贡解题

“禹贡”的意义是什么？如仅就字面解释倒是很简单，是指禹平水土以后，将全国划分为九州，而根据当时各州土地的高下、肥硗的等级，而课征的赋税。但《尚书》研究者往往不这么认为，他们认为经文中除冀州以外，其他八州都说到赋和贡两个问题。如果贡、赋不分的话，那又为何名称不同？而且还分别加以强调？这样一来，问题就复杂了。有的人说：赋，是上税下的意思，耕田的人按照所耕田的等级出谷，叫做赋。贡，是下献上的意思，这又有两种情形：一是将应缴纳的谷物（赋）变卖以后，再购买地方上特有物产奉献叫贡；一是将地方上的特产奉献天子叫贡。既然如此，那又为何只说贡不说赋呢？这是采取“下”供‘上’的意思。（见《尚书正义》）也有人说：《禹贡》一篇主旨，是说禹的治水，其本来先后的次序记载得非常详备，篇名虽说叫“贡”，其实它是“典”的体裁（见林之奇《尚书全解》）。更有人说：九州有赋有贡，赋是诸侯拿来供国用的，贡则是诸侯用来献给天子的，所以用“贡”名篇，含有大一统的意思（《禹贡锥指》引）。

但到了胡渭，说法又有不同，他大致采取了王炎的见解，再加以扩充，并且以禹所区分的五服（甸、侯、绥、要、荒）为依据，作为赋、贡的区分标准。他以为甸服之内为王畿，地方千里，由天子直接课税，这叫做赋，而侯、绥服的诸侯可自行赋税以供国用，这对诸侯来说也叫做赋。不过必待供国用以后有了剩余，然后再将剩余的部分献于天子，但这叫做贡，而不再称赋了。自要、荒服以外的君长，像嵎夷、莱夷、淮夷、和夷、西倾之类，也都有所进献，来表示他们仰慕向化的诚意，这也叫做贡。

至于海外的岛夷及昆仑、析支、渠搜诸戎，在当时也多能因向往我文化、德义而贡其贵重的方物，类似这种情形也都叫做贡。所以说，贡的范围非常广泛，它不像赋，仅止于甸服，贡却包括了九州，赋仅限于中邦（自甸至侯、绥服。中邦，中国也），而贡却兼四海以外，赋不可以包括贡，而贡却可以包括赋。所以史臣用“贡”名篇，实有大一统的意思存在其中。我们如果再能进一步熟读经文，对经文所说：“东渐于海，西被于流沙，朔南暨声教（政治、教化远播于南北日光所照的地方），讫（止）于四海”的记载，就更能体会“贡”字的意义了。

后来孙星衍先生著《尚书今古文注疏》，在《禹贡》篇一开始，就引《孟子·滕文公》篇的话说：“夏后氏五十而贡，殷人七十而助，周人百亩而彻，其实皆什一也”来说明“贡”只是税，也就是经文所说的赋，而且所“贡”的东西不在赋外。换句话说，虽有名称的不同，其实贡也就是赋，赋也就是贡，而且主张赋外无贡。我们则认为用孟子的话，说明取“什一”之税则可，这种“什一”之税，天子的甸服和诸侯的侯服以及绥服是没有区别的。换言之，皆取“什一”之税。然而如就经文来说，胡渭的见解则较符合经义。但“什一”之税的税率，却弥补了胡氏的不足。

二、九州敷土

《左传·襄公四年》:“芒芒禹迹，画为九州。”这是说，在这块广大无际的土地上，布满了禹的足迹，他治平洪水以后，就把这块疆域划分成九州。只此一言，就把禹的一生勋业尽包无遗了。于此我们不仅可以体会出他的不辞辛劳、牺牲奉献、公而忘私、国而忘家的伟大情操，同时我们也感叹古人描绘技巧的高超，蕴义的深远，愈是咀嚼，愈觉其意味的无穷，也愈觉禹的伟大而不可及。孔子称美:“禹，吾无间然矣！菲饮食，而致孝乎鬼神；恶衣服，而致美乎黻冕；卑宫室，而尽力乎沟洫。禹，吾无间然矣！”（《论语·泰伯》篇）难道只是称美吗？于称美之外，我们认为，对当时王霸互争的诸侯来说，却无异于当头棒喝。现在我们就来先说一说禹是如何治水划九州的。

这样大的工程如果事前没有周备的计划是不容易收效的，而周备的计划又必须依赖于详细的勘察，根据勘察的结果而制订计划才能切合实际，然后再依照计划施工，才能计日功成。我们的老祖先并没有忽略这一点，经文一开始就说：

禹敷土，随山刊木，奠高山大川。

这是史臣的记述，说明在禹平治水土之前，先令人分别治理九州，而要治理九州的水土，第一步要做的事就是“随山刊木”。所谓“随山刊木”，就是随行山林，斩木通道的意思。为什么要这样做？东汉大儒郑康成早已为我们作了解答，他说：“一定要随九州中的山而攀登，砍除草木，开辟道路，就是为了先观望所当治理的山水形势，然后再规划治理的（顺序）方法。”胡渭则认为“随山刊木”有五种好处：第一，遥望山川的形势，可以借此规划土功（治理的先后、方法）。第二，使往来的人不致迷失道路（因路皆有标志）。第三，禽兽逃匿，登高以避水患的人可以得到安居。第四，可以多得鸟兽，以救“阻饥”的人民。第五，可以多得木材，以供治水之用。这见解我们非常同意。

至于“奠高山大川”呢？奠，是定的意思。而当时以为的高山大川，如荆山、岐山，长江、汉水等都是。治水的第一要务就是绝对不能违逆水性，而要想使水“行其所无事”，那就唯有顺其形势了。而形势又以山川为主，山川又以高大者为主。如果高山大川各定其所而名正的话，那么其余的就可以类求而奠定了。

因为高山无异群山的会合，而溪壑也随着山的大小夹行其中，众水辏合于大川，而大川又可以纪理众小水，所以“奠高山大川”是极其必要的。

然而九州都有高山大川，并不专指五岳四渎，所以宋代的蔡沈在其所著的《书经集传》中说：“定高山大川，以别州境，若兖之济河，青之海岱，扬之淮海，雍之黑水西河，荆之荆衡，徐之海岱、淮，豫之荆河，梁之华阳黑水是也。”这说法是不错的。禹划分九州，其为后代所无法企及的，就是他能以自然的形势作为州界，这种自然的高山大川很难变更，所以即使代有因革，疆域屡有重划，然而济水与大河之间的兖州却无法改变，东海与泰山（岱）间的青州也无法移置，是以郑樵在他所著的《通志》中说：“州国之设，有时而更，山川之形，千古不易，《禹贡》分州，必以山川定疆界，使兖州可移，而济、河之兖州不可移；梁州可迁，而华阳、黑水之梁州不可迁。是故《禹贡》为万世不易之书。”话虽不多，却道尽了禹划九州所依天然形势的不可易，这不正是禹的伟大处吗？而今我们推举他为工程师的始祖，并定每年的六月六日为工程师节，来纪念这位空前绝后的伟大工程师，他确实是当之无愧的。现在，我们就依照着经文逐次地说下去。

（一）冀州

因为冀州是当时帝都所在地，所以禹平水土也就先从这里开始。就区域说，冀州当时三面环河，西与雍州隔河相望，南与豫州隔河为邻，东与兖州隔河相连，东北以大辽水为界，西北至东受降城（在今内蒙古托克托县西黄河东岸），北至塞外阴山。根据经文的记载，治理冀州的先后次序是这样的：

既载壶口，治梁及岐。既修太原，至于岳阳。覃怀底绩，至于衡漳。厥土惟白壤，厥赋惟上上错，厥田惟中中。恒卫既从，大陆既作。岛夷皮服。夹右碣石入于河。

意思是说：

第一，先从壶口山开始。壶口山，在今山西吉县南七十里，黄河的水从北来注入其中，就像壶口一样，所以叫壶口山。

第二，为“治梁及岐”。梁，是梁山，又名吕梁山，山南北走向，绵亘数县，主峰在今山西离石县东北。岐，是岐山，又名狐岐山，在今山西介休县东南二十五里，一名薛颉山，又叫洪山。有人说岐山在雍州，就是今陕西岐山县的岐山。以地理来看，这说法是不对的。

第三，是“修太原至于岳阳”。太原，在今山西西南河曲处以北，闻喜县与河荣县之间。旧说皆以为今山西之太原府，恐非是。广平叫原。根据《国语·鲁语》的说法是：“禹能以德，修鲧之功。”注说：“鲧功虽不成，禹亦有所因，故曰修鲧之功。”这说法是不错的。据《尧典》所载，鲧虽功用弗成，然亦不无建树，因其刚愎自用，不能善处同事，又好违抗上级命令，所以才招致失败的。禹就其父未竟之功而加以修治，也是顺理成章的事。

岳阳，就是太岳山的南边，山南叫阳。太岳山，在今山西霍州东，其主峰今名霍山。《汉书·地理志》就是以霍太山称名的。山亦南北走向，覆压数县，南与东北西南走向的中条山相接，其西即为吕梁山，汾水纵流其间。这是说：修治完毕太原以后，随即又施工到太岳山以南的广大地区。

第四，是“覃怀厎绩，至于衡漳”。覃怀是地名，在今河南武陟县。在清朝的时候，属于怀庆府，府城有尧河，从太行山谷流出灌田，人民称便，所以说“厎绩”。厎绩，就是获致了功绩的意思。

衡漳，指的是漳水、衡水而言。有人说“衡”读为横，意为漳水横流入河。不过这说法要加以解释才能明白。因为漳水有两条，一条源出上党沾县大黾谷，即今山西昔阳县西南二十里的少山。这条水，就是后人所说的清漳河。一条源出上党长子县鹿谷山，即今山西长子县西五十里的发鸠山，名为浊漳。郦道元称之为衡水，又称为横水。二水流至今河南林县交漳口会合，东流入河。因当时河道是从今河南浚县（即大伾山）北流，经汤阴、安阳、临漳入河北，经成安、曲周至天津大沽入海，所以有横流入河的说法。

第五，是“恒卫既从，大陆既作”。恒，是恒水，源出今山西浑源县境的恒山，流至今河北唐县与滱水会合，自此以下，就称为滱水了。卫，是卫水，源出今河北灵寿县东北十里，俗呼为雷沟河。所谓“既从”，是说这两条水已经治理完毕，使从原来的河道东流入河不再泛滥的意思。

大陆，水泽名，一名广阿泽，又名巨鹿泽，在今河北巨鹿县北。水钟数县，当时实为一大巨浸。所谓“既作”，意思是说，已筑堤潴水，而附近的土地可以耕作种植了。

第六，州内川泽治理完毕以后，接着展开的工作便是分别土性，订定田赋以及安排外夷进贡的事宜了。所以经文说：

厥土惟白壤，厥赋惟上上错，厥田惟中中。

这是说：冀州的土壤柔和而颜色稍白，田赋则是第一等与第二等错出，这就要根据土质如何与收成的好坏而定了。至于田地的高下肥瘠，在九州中是属于第五等。

第七，冀州有赋无贡，然居住在东北的岛夷，他们仰慕华夏文化，不时将其特有的物产入贡天子。其路线是由北海经碣石山南，转入黄河，再运往冀州的帝都。（按：尧都平阳，即今山西临汾县西南，有平阳故城。舜都蒲坂，故城在今山西永济县北三十里。）至于碣石山的所在地，说法非常纷乱，综合众说，当在今河北昌黎县东南境为是。

（二）兖州

当时的兖州西临黄河与冀州相望，东以济水与青、徐为界，西南一角直接豫州，东北临海。就整个形势来说，兖州就是处在济水与黄河的中间。所以经文说：

济河惟兖州。

不过在这里我们要注意的是：兖，又可写作沇，济，也可写作泲。治理的步骤如下。

第一，在川泽方面。先九河，次雷夏，再次则为灉（yōng）、沮了。所以经文说：

九河既道，雷夏既泽，灉、沮会同。

九河的名称，据《尔雅》所载是：徒骇、太史、马颊、覆釜、胡苏、简、絜、钩盘和鬲津。黄河流到这里（下游），水势大盛，再加上地平无岸，所以流分为九，以衰其势。所谓“既道”，是说壅塞已经流通，使各水都能顺行其河道。至于九河的遗址，在春秋时代就被齐桓公塞为一河，所以旧有的河道早已湮没无法稽考了。

雷夏，是水泽名，又名雷泽，在今山东濮县与菏泽之间。此泽东西二十余里，南北十五里。所谓“既泽”，就是既已聚为水泽，不仅可解水势，同时更可供渔捞和灌溉。据说，舜就经常在此泽中捕鱼。

灉、沮，是二水名。源出今山东濮县东南平地。《尔雅》则说，水自河出为灉，自济出为濋（濋，即沮）。会同，是说二水会合而流入雷夏泽的意思。

第二，在地理环境方面。兖州地处河济之间，易遭水害，今水患已除，方知这里的土地适宜于种桑养蚕，因此，人民也都走下丘陵而移居平地，以这里土地肥沃而带有黑色，所以水退后不久，草木也就发荣滋长了。所以经文说：

桑土既蚕，是降丘宅土，厥土黑坟。厥草惟繇，厥木惟条。

经文中的坟，作膏肥解。繇，作茂盛解。条，作长、畅解。

第三，在田赋方面。这里田地的等级为第六，赋税始终比他州为轻，这是因为此州地势最为低湿，又处两水之间，最难治理的缘故。所以一直要等耕作到十三年的时候，才能与他州相同。所以经文说：

厥田惟中下，厥赋贞，作十有三载乃同。

经文中的贞字，作正、一解，有衡情、度理，以地力、民情为赋税准则的意思。

第四，在贡方物方面。因此州适宜于蚕桑、种漆，所以就以地方所盛产，而要他们贡漆、丝以及女红所织就的花纹织物，盛在筐篚（fěi）中，装船由济水转漯（tà）水，直达黄河，运往帝都。所以经文说：

厥贡漆、丝，厥篚织文，浮于济、漯，达于河。

经文中的浮字，作船行水中解。达，是因水入水的意思。如由济入漯，再由漯转入黄河，不需陆行，这就叫做达。河，就是黄河。济水的上源为沇水，源出今山西的王屋山，也有人说出今河南济源县，至温县入河，古谓自成皋入河，东流至山东博兴县入海。漯，一作湿，源出今山东朝城，东流入海。今大清河即古之漯水，小清河，就是济水。

（三）青州

禹时青州疆域广大，西南至泰山，西及西北，沿济水与兖州相望，东及东北，则跨海至现在辽河以东（包括今辽河以东的辽宁及安东全部）及朝鲜半岛，南与徐州为邻，所以到舜时，就把青州东北划为营州了。这可能就是因为疆域跨海太大，治理不便的关系。在规划治理上，其步骤如下。

第一，先行经略，使无侵越之虞。所以经文一开始就说：

嵎夷既略。

嵎夷，地名，已不可确指，当为极东荒夷的地方，所以才在这里先行划界，使各遵守，不可相互侵掠。我们作这样的说明也许会引起误会，因为就情理说，应先近后远，先内后外，在这里，为什么一开始经文就说“嵎夷既略”呢？原来当禹治理冀州的时候，碣石一役完毕后，即行至辽东经略嵎夷，然后再渡海而南，治理潍、淄二水。

第二，疏通河川，使各顺其故道，流向大海。所以经文说：

潍、淄其道。

潍，是潍水，源出今山东莒县的箕屋山，从昌邑县东北入海。淄，是淄水，源出今山东莱芜县东二十里的原山，从寿光县入海。

第三，就地理环境方面说，青州土壤白色而肥沃，而且海滨广漠，可以煮海为盐。这里的田地为三等，赋税为第四，所以经文说：

厥土白坟，海滨广斥，厥田惟上下，厥赋中上。

此处要特别一提的就是经文中的“广斥”一词，斥，就是咸卤，太史公作潟，《史记集解》引徐广的话说：一作“泽”，照这意思看来，咸卤就是现在我们所说的“盐田”了。但《说文》却又说：“卤”，咸地，东方叫斥，西方叫卤。如照《说文》的见解，“咸卤”就是咸地。咸地的土质固可用水冲洗溶解，然后再煮以为盐，但未若以“斥、泽、潟”之水，直接煮以为盐为顺理。

第四，在贡方物方面，青州所贡为盐、细葛布、各种海产，以及泰山各谷中所出产的丝、麻、铅、松和可供器用的美石。等到莱山附近的莱夷，从事耕作和放牧之后，就叫他们贡赋檿（yǎn）丝。这种物品比较贵重，所以都装在筐篚中，从汶水转济水再入黄河，运往帝都。经文说：

厥贡盐、絺，海物惟错，岱畎丝、枲（xǐ）、铅、松、怪石。莱夷作牧；厥篚檿丝。浮于汶，达于济。

经文中所说的檿丝，檿，就是山桑。檿丝，是蚕吃山桑而吐的丝，据说这种丝坚韧异常，可以做琴瑟的弦，也可以做缯。根据《山东志》的记载，檿丝，出自栖霞。这正是《禹贡》莱夷的故居。汶，就是汶水，源出今山东莱芜县的原山，西南入济。济，就是济水。

（四）徐州

徐州的四邻，据经文的记载是：

海岱及淮惟徐州。

意思是说：东至海，北至岱，南至淮，在这中间的一块土地，就是徐州。就大自然的地理形势看，这说法没有错，而且也不是人力所能改变的。《禹贡》的永久价值就在这里。虽然如此，但就现在来看，总不免有些笼统。大致说来，徐州的四邻，北边至泰山与青州为邻，西北隔济水与兖州相望，正西与豫州接壤，南面隔淮与扬州毗连，东临大海。本州的治理步骤如下。

第一，在川泽方面。先行治理淮河、沂水，使顺流入海，以消除水患。然后再浚畎浍，使蒙山、羽山一带的土地得以种植。

等到大野聚水成泽，纾解了汶、济二水下游的水患以后，东原一带的土地也就得以致平而可以耕作了。所以经文说：

淮、沂其入，蒙、羽其艺。大野既猪，东原厎平。

淮，就是淮河，源出今河南桐柏山，东流入海。因淮水流至徐境，水流大增，为害更甚，今喜得治理，故在此特别记上一笔。沂，是沂水，源出今山东沂水县北，南流至今江苏徐州东邳县东南入运河。在禹时，则流入泗水。蒙，是蒙山，在今山东蒙阴县西南。羽，是羽山，在今江苏徐州东赣榆县南。大野，泽名，在今山东巨野县东北，南北三百里，东西百余里。蔡沈说："巨野广大，南导洙、泗，北连清、济，徐之有济，于是乎见。"在当时来说，实为一大"巨浸"。艺，作种植解。猪，同"潴"，水所停而深叫潴。东原，地名，即汉代的东平国，以在济水东故名，领有今山东东平县、泰安市的土地。厎，作致解。厎平，就是致功而地平，可以耕作的意思。

第二，在地理环境方面。这里土地的颜色微红而有黏性，也很肥美，所以治理不久之后，草木就生长得非常茂盛了。经文说：

厥土赤埴（zhí）坟，草木渐包。

经文中的渐包，是说草木相包裹而同时生长，这种情形在草木丛生的地方是常见的。很多枝条纠缠在一起。包，与"苞"在古时是通用的，所以可作茂盛解。

第三，在田赋征收方面。这里的田亩，就等级说，被列为二等，而赋税却是第五。所以经文说：

厥田惟上中，厥赋中中。

第四，在贡方物方面。这里的特产有五色土，羽山谷中雉鸟的羽毛，峄山之南特有的桐木，下邳泗水之滨浮山可做磬的石材以及产于淮水中淮夷所贡的蠙蛛、白鱼和装在筐篚中细致的黑缯与白缯。这些贡品是从淮河起程，入泗水，然后再入菏水，经由济水转黄河运往帝都。所以经文说：

厥贡惟土五色，羽畎夏翟，峄阳孤桐，泗滨浮磬，淮夷蠙珠暨鱼；厥篚玄纤缟。浮于淮、泗，达于河。

经文中所言及的贡物五色土，是王者用来建大社的，今山东沂水县和莒县尚有此土。羽是羽山，在今江苏赣榆县境。畎，是山谷的意思。夏，作华讲。翟，就是雉鸟，其羽华美，可为旌旄。峄是峄山，在今江苏邳州境，山南叫阳。泗滨，就是泗水之滨。泗水源出今山东泗水县陪尾山，西南流，至今江苏邳州又东南流入淮。浮磬，是浮山可做磬的石材。浮山在今邳州西。蠙蛛，就是由蚌所生的珠。暨鱼，即淮水所产白鱼。达于河的“河”，《说文》作“菏”，是指草泽而言。

（五）扬州

就大自然环境说，扬州北界淮水与徐州为邻，东临大海。所以经文说：

淮海惟扬州。

其西则以荆州为界，南至现在的闽、粤，以至于海。现在就让我们来看看这一州的治理情形。

第一，在川泽方面。首先是使彭蠡聚为大泽，而鸿雁一类的鸟亦可安其所居。等到汉水与岷江、彭蠡诸水会合，东流入海以后，震泽也就得以平定了。所以经文说：

彭蠡既猪，阳鸟攸居，三江既入，震泽厎定。

彭蠡，就是现在江西的鄱阳湖。三江的说法不一。郑康成以为：左合汉水为北江，会彭蠡为南江，岷江居中，则为中江。而《汉书·地理志》则以为：南江在吴县南东入海，北江在毘陵（今江阴）北东入海，中江出芜湖西南东至阳羡（今宜兴）入海。清胡渭以为郑氏的说法不可易。而徐文靖则又以为：江出岷山（今四川岷山）东南至庐江南界，今庐江，正在江北，彭泽正在江南，而大江行乎其中，合为三江，自浔阳（今江西九江）而东，直趋于海，其东北至常州、宜兴入海者为中江，又一股至松江、江阴入海者，是为北江，吴县南东入海者为南江，入海之道有三也。

以上三说，各有所执，未知孰是。震泽，就是太湖，在今江苏吴县西南，广袤八百里，烟波浩渺，实为一巨浸。

第二，在自然环境方面。当洪水退后，此州所呈现的是：箭竹、长节的大竹，可说到处都是。草，更是长得非常茂盛。树，多是高耸的乔木。这是因为此州土地低湿，植物易于生长的关系。所以经文说：

筱簜既敷，厥草惟夭，厥木惟乔。厥土惟涂泥。

筱（xiǎo），竹名，适于做箭，故又称为“箭竹”。簜（dàng），是一种节很长的大竹。敷，作布、普字讲，就是遍布、普遍的意思。夭，是美盛的样子。涂泥，是就土地低湿来说的。

第三，在田赋方面。这里的田亩为第九等，赋税是第七等，或是第六等，有时也会不到六等，这就要看当时的收成情形了。所以经文说：

厥田惟下下，厥赋下上上错。

错，就是杂出的意思。

第四，在贡方物方面。本州的贡品有黄金、白银、红铜以及美玉、奇石、箭竹、大竹、象牙、皮革、鸟羽、旄牛尾等。居住在海岛上的夷人则贡可以编制衣服的黄草，装在筐篚中贵重的织有贝文的文锦以及必待命令才包裹着进贡的橘柚。这个地方的贡品是顺江而下，先行进入海中，然后由海转淮入泗，最后入河而运往帝都。所以经文说：

厥贡惟金三品，瑶、琨、筱、簜，齿、革、羽、毛惟木。岛夷卉服。厥篚织贝；厥包橘、柚；锡贡。沿于江海，达于淮泗。

经文中所言及的卉，是草的总名，这里是指可供编织衣服的一种特殊黄草。织贝，是锦名，指的是织有贝文的锦。锡，是赐的意思，因橘、柚的进贡不常有，必待命令行事，所以说锡贡。顺流而下叫沿，当时江、淮不通，是以必须由江入海，再转入淮、泗，方可到达帝都。

（六）荆州

此州东临扬州，南及衡山之阳，西与梁州为邻，北至荆山与豫州接壤。所以经文说：

荆及衡阳惟荆州。

荆，就是荆山，在今湖北南漳县西南。衡是衡山，也就是南岳，在今湖南衡山县西，也就是衡阳县的东北。经文中的“衡阳”，是说州境内衡山以南的地方。山南叫阳。此州在治理的程序上如下。

第一，在川泽方面。先使长江、汉水合流东入大海，水的干道通畅无阻，然后就引导洞庭湖的水，使之入江，以消除各支流的水患。其次再引沱江入江，潜水入汉，这样一来，各水皆就其河道，跨大江南北的云梦泽就露出了土壤，可以供人耕作了。所以经文说：

江汉朝宗于海，九江孔殷，沱潜既道，云土梦作乂。

江，就是长江。汉，为汉水，源出今陕西宁强县的嶓冢山，东北流会沔水，东流至湖北汉阳会长江，东流入海。九江，是指洞庭九江而言，从山溪所出，各自别源，九水所合而成洞庭。此九江为沅、渐、元（按：元为无之讹）、辰、叙、酉、湘、资、醴（与澧同）。孔殷，是说：众水所会，水流非常盛大，如不加以疏导入江，即会造成水患。沱，水名，《尔雅·释水》：水自江出为沱。在今湖北枝江。潜，亦水名，《尔雅·释水》说：水自汉出为潜。《史记·夏本纪》作涔，当在今湖北潜江。既道，是说沱、潜二水，则已循着河道入江、入汉的意思。云梦，本为二泽名，跨大江南北，云在江北，梦在江南。云土梦作乂，是说江、汉、九江、沱、潜治理完毕，大水消退，而云梦的土地已经可以耕作了。

第二，在田亩、赋税方面。这里因地势低洼，适合种植水稻，所以农民耕作起来多半是“沾体涂足”。田地的等级为第八，赋税则是第三。所以经文说：

厥土涂泥，厥田惟下中，厥赋上下。

涂泥，是说地势低湿，农民在耕作之际，往往弄得满身泥浆，就如今日农人插秧一样。

第三，在贡方物方面。此州的贡品有鸟羽、旄牛尾、象牙、皮革；有黄金、白银、红铜；有杶、柘、桧、柏四种木材；有可供磨砺用的粗砺石、细砥石和坚利入铁可以锉矢镞的石砮以及可以染色的丹砂；有可以为矢、质地坚硬的箘簵竹和楛矢。这是"三邦"所贡，其物有美名，是天下所同声称善的。还有先包裹然后再装入匣匮中专供缩酒的香茅，装在筐篚中的贵重的已染成黑色、浅绛色的缯和用玑珠穿结的组绶以及九江中的大龟等。这些贡品分别从江、沱、潜、汉转运，然后经陆路从洛水进入黄河，运往帝都。所以经文说：

厥贡羽、毛、齿、革，惟金三品，杶、干、栝、柏，砺、砥、砮、丹，惟箘、簵、楛、三邦底贡厥名，包匦菁茅，厥篚玄、纁、玑组；九江纳锡大龟。浮于江、沱、潜、汉，逾于洛，至于南河。

经文所说杶（chūn）、干、栝（guā）、柏，为四种木名。杶木似樗，适于做车辕。干木似柘，是做弓的好材料。栝木就是桧木，最适于器用。砺、砥、砮（nǔ）、丹，是四种不同的石类。砺粗而砥细，可以为磨器，俗谓磨刀刃之石。砮，即石砮，其质坚硬无比，可以入铁，用以锉矢镞。丹，就是丹砂，其色不一，可以为彩。惟箘（jùn）、簵（lù）、楛（hù）：惟，语词，无意。箘簵，又名箭，质坚硬，是做箭杆的好材料。一说箘、簵，皆美竹名。楛，木名，茎似蓍、荆而赤，也是做箭的上选，古书所载，所谓“肃慎贡楛矢”即指此木而言。三邦底贡厥名：三邦，不详何处。古籍中没有记载。底，是致的意思。厥名，是说其物之美名，为天下所知的意思。包匦（guǐ）菁茅：包是包裹，匦，有两种解释，一作缠结解，这是郑康成的说法。一作匣解，这是伪孔传的说法。我们采取了后者。因菁茅味香，又用以祭祀，借以滤酒，为保持其香味，以装入匣中为宜。厥篚玄纁玑组：玄，黑色；纁，浅绛色；这是指所织的细缯。玑组，则是一物，指的是贯穿在组绳上的玑珠。九江纳锡大龟：九江，是指聚为洞庭湖的九水而言，其中产大龟，龟尺二寸为大，据说需千年的时日方可长成。天字守龟，用以卟（jī）卜。纳，作入字解。锡，作命令解。这是说：大龟的入贡非有定时，必待诏命方贡。

第四，在贡道方面。这一州的进贡水道，有的自沱入江，再入汉，也有的自潜入汉，这就要根据贡地来决定了。自汉水上溯，再沿丹江逆水而行，可至今陕西商洛以东的武关，又因汉水不通于洛，所以必须陆行，然后才能到达洛水，再从洛水进入黄河。所以经文说：

浮于江、沱、潜、汉，逾于洛，至于南河。

浮，舟行于水叫浮。江是长江（古称大江）。沱，自江分出。潜，自汉水分出。逾，是舍舟陆行的意思。所谓逾于洛，就是必须陆行才能到达洛水，这是由于汉不通洛的缘故。洛水，源出今陕西洛南县西冢岭山，东南流至河南境，转东北流至巩县北入河。

所谓南河，是说黄河自潼关东走至今河南武陟县南，东北流至天津入海。因潼关、武陟间的这一段在冀州以南与豫州为界，故称之为南河。

（七）豫州

此州东临徐州，南至荆山与荆州接壤，西与梁州为邻，其北隔河与冀州相望，东北与兖州毗连。所以经文说：

荆河惟豫州。

荆就是荆山，河为黄河。这是天然的界域。此州在治理上的步骤如下。

第一，在川泽方面。先导伊、洛、瀍（chán）、涧四水，使合流入河。此四水既入于河，而荥波泽也已聚成。然后就接着导菏泽，使水盛时流入孟猪泽，以免泛滥成灾。所以经文说：

伊、洛、瀍、涧，既入于河，荥波既猪，导菏泽、被孟猪。

经文所说的伊，是伊水，源出今河南卢氏县东南百六十里的熊耳山，东北流至河南洛阳入洛。洛，是洛水，应作雒水，源出今陕西洛南县西的冢岭山，至河南巩县东北入河。瀍，是瀍水，源出今河南洛阳西北的谮亭山，东南流至偃师东入洛。涧，是涧水，源出今河南渑池县东二十三里的白石山，东流至洛阳南入洛。

河，就是黄河。荥波，泽名，在今河南荥阳。菏泽，在今山东定陶县东。被孟猪：被，作及解；不言入而言被，这表明是不常入的意思。水盛时才及于孟猪。孟猪，又作明都，亦作望诸，在今河南商丘。元金仁山说："自菏泽至孟猪，凡百四十里。"

第二，在土性田赋方面。这里的土壤，除无块而柔、适宜种植五种谷物外，还有所谓的下土，也就是水泽中的土地，往往水退以后可以利用种植。这里的田亩等级为第四，赋税是第二，又杂出第一。所以经文说：

厥土惟壤，下土坟垆。厥田惟中上，厥赋错上中。

壤，有人以生谷之土作解，也有人说"无块而柔"。坟垆，就是泥淖中的黑色土，水干后质硬而疏散。水泽、湖泊的涯涘，待水少时，往往可利用耕稼。

第三，在贡方物方面。这里的贡品有漆、粗细不同的麻线，有细葛布。装在筐篚中的有细棉，必待诏命而后纳的贡品有治石磬的错。所以经文说：

厥贡漆、枲、絺、纻，厥篚纤纩，锡贡磬错。

经文所说的枲（xǐ）、纻（zhù），均为麻类，絺为布属，纤纩（kuàng）是细棉，也有人释"纩"为絮。锡贡，是必待诏命乃贡的意思，这表明非有常期。磬错，器物名，就是治磬所用的错，故名磬错。

第四，此州因与冀州为邻，所以贡道不是从洛水达河，而是直接由河运往帝都。所以经文说：

浮于洛，达于河。

大致说来，豫西的贡物多从洛入河，而豫东则多直接入河，就无须再“浮于洛”了。

（八）梁州

此州就天然景观说，东与豫州毗邻，东南与荆州为界，南至现在的金沙江，西至今四川东南境，北与雍州为邻。所以经文说：

华阳黑水惟梁州。

经文中所言及的“华”，就是太华山，在今陕西华阴县南八里。阳，山南叫阳。华阳，就是华山之南。黑水，就是现在云南境内的金沙江。本州在治理上的程序如下。

第一，在自然景观方面。先从地势高的地方开始治理，所以岷山、嶓山地区得以最先种植五谷。其次是使此州沿着江水、汉水的各支流（沱、潜）分别流入江汉，不再泛滥成灾。当把蔡山、蒙山地区依序治理完功以后，居住在和水一带的夷也因为得到治理而安定了下来。是以经文说：

岷、嶓既艺，沱、潜既道，蔡、蒙旅平，和夷底绩。

经文所说的岷，就是岷山，也叫做汶山，在今四川松潘县西北。嶓（bō），就是嶓冢山，在今陕西宁强县南。艺，是种植的意思，作治解亦可。自江而出叫沱，自汉而出叫潜，有人说此州之沱为岷江的支流，在今四川都江堰市分支，至泸县入江。谓潜，即嘉陵江的北源，在今四川广元。并谓此沱、潜二水，与荆州之沱、潜同名异实。然衡之于理，不如释为此州沿江、汉所出之支流较为合理。蔡，即蔡山，在今四川雅安东五里。蒙，即蒙山，在今四川雅安北与芦山县为界。旅平，就是治理平定的意思。和，是和川，又称和川水，在今四川荥经县北九十里。和夷，是指居住在和川一带的夷民而言。底，作致解。绩，作功解。意思是说：治理居住在和川一带的夷民，也得到很好的功绩。

第二，在土质田赋方面。这里的土壤呈现青黑色。田亩的等级是第七，田赋是第八，有时也杂出第七和第九，这就要看当时收成如何了。所以经文说：

厥土青黎，厥田惟下上，厥赋下中三错。

经文中所说的“错”，就是错杂不一的意思。之所以会有这种情况，多半是因为田赋的等级尚未确定，而收成的好坏也可能是因素之一。

第三，在贡方物方面。这里所贡的方物有美玉、黑铁、白银，有可供雕镂的钢，有可做矢镞的砮石和磬以及熊、罴、狐、狸四种兽皮与地毯。所以经文说：

厥贡璆、铁、银、镂、砮、磬、熊、罴、狐、狸、织皮。

经文中所说的织皮，就是地毯。璆（qiú），是一种美玉，马融作镠（liú），那就变成上好的黄金了。

第四，在贡道方面。因为此一地区辽阔，又有高山的阻隔，河流又不尽相通，所以在路线上就很难一致。大致说来，在西倾山这一带的贡品，都是就着桓水顺流而下，然后由潜水上行，经由陆路入沔水，再经一段陆路进入渭水，然后由渭水截河而达于帝都。所以经文说：

西倾，因桓是来，浮于潜，逾于沔，入于渭，乱于河。

经文中所言及的西倾，山名，在今甘肃临洮县西南四百五十里。桓，是桓水，源出西倾山之南，以今地望看来，桓水即洮水，源出西倾山南，南流入白龙江，再入西汉水，即经文所说的潜水。沔，即沔水，一名沮水，源出今陕西略阳县东的狼谷，南流入汉。因潜不通沔，所以由潜入沔，必须经由陆路。这就叫做逾。有人说："绝水登陆曰逾"，就是此意。所谓"入"，是舍陆舟行的意思。因为由沔至渭尚有一段陆路，所以谓"入于渭"。乱，根据《尔雅》的解释是："正绝流曰乱。"所谓"正绝流"，就是正面对着大河而进入其流中，像渭水入河处就是这种情形。

（九）雍州

雍州在《禹贡》中是最西的一个州了。它的东面隔河与冀州相望，南面与梁为邻，北尽大漠，西至黑水，在九州中，可说是最大的一个州。所以经文说：

黑水西河惟雍州。

经文中所说的黑水有两条，一为梁州南界的黑水，即今云南省境内的金沙江。一为雍州的黑水，据《水经》的记载，黑水出张掖鸡山，西南流至敦煌，过三危山，南流入于南海。可是《括地志》却说：源出伊州伊吾县北百二十里，南流绝三危山，在敦煌东南四十里。这两种说法，先贤不知何者为是。以今地望言，黑水应在酒泉的西北，西流过三危，止于敦煌附近的沙漠中。西河，这是以冀州为准而说的，所指即今山西、陕西间自北而南的一段界河。关于此州治理的步骤如下。

第一，在川原山泽方面。先使弱水西流，然后再以渭水为主干，分别使泾水、漆水、沮水、沣水流入，以消除此一地区的水患。其次是先行治理荆山、岐山，再依次治理终南山、惇物山，以至于鸟鼠同穴山。等到高原、洼地治理得收到功效以后，下一步工作就该去整治猪野泽了。这时候三危山因其可以居住，所以三苗也就安定下来了，并且各守职分。所以经文说：

弱水既西，泾属渭汭，漆、沮既从，沣水攸同。荆、岐既旅，终南、惇物，至于鸟鼠。原隰厎绩，至于猪野。三危既宅，三苗丕叙。

经文中所涉及的弱水，源出今日甘肃山丹县西，西北流，经合黎山南，与合黎水会，流入今内蒙古居延海。泾，是泾水，源出今甘肃平凉县西一百里的笄头山，一名崆峒山。秦始皇巡陇西，北地至鸡头山，就是此山。泾水自此东南流，至今陕西高陵县入渭。属，作注、入解。渭，是渭水，源出今甘肃渭源县西的鸟鼠山，东流至陕西潼关北入黄河。汭，是水相入的意思。泾属渭汭，用现在的话说，就是泾水注入渭水，渭水又注入了黄河。漆，是漆水，源出今陕西铜川东北的北高山，西南流至耀县与沮水合。沮水，源出今陕西耀县北，东南流合漆水，又名漆沮水，至富平县入渭。所谓既从，是从渭入河的意思。沣，即沣水，源出今陕西户县南的终南山，北流至咸阳入渭。攸同，攸作所解，同是会合的意思。沣水攸同，是说沣水会合了渭水。荆，是荆山，在今陕西富平县，不是荆州的荆山。岐，是岐山，在今陕西岐山县东北，一名天柱山，因山有两岐，所以叫岐山。既旅的旅字，作治解，也作通解，作道解。终南，就是终南山，在今陕西长安县，东至蓝田县，西至眉县，横亘八百里。惇物，也是山名，一名垂山，在今陕西眉县，亦即武功县东南二百里处。其实，它就是终南山的北峰。鸟鼠这个山名很奇怪，又叫鸟鼠同穴山，一名青雀山，在今甘肃渭源县西二十里，渭水源在县西七十六里。原隰一词，据宋人蔡沈的说法是："广平叫原，下湿叫隰。"地当今陕西邠、栒邑、永寿等县，也就是古豳国的所在地。底绩，就是获致功绩，也就是治理功毕的意思。猪野，是泽名，也可写作都野，就是休屠泽，在今甘肃民勤县。三危，就是三危山，在今甘肃敦煌的东南。既宅，是说已可居住了。三苗，种族名，本居洞庭、彭蠡之间，因作乱不服治化，舜把他们迁徙到这里来。丕叙，丕为语词，无意；叙，可作定解。这是说，于是三苗就在这里定居下来了。

第二，在土壤田赋方面。这里的土质呈现黄色，田亩的等级是第一，赋是第六。所以经文说：

厥土惟黄壤，厥田惟上上，厥赋中下。

第三，在贡方物方面。这一州的贡品有美玉、美石以及好像宝珠一类的琅玕。经文说：

厥贡惟球、琳、琅玕。

大概就是指的各类玉石。

第四，在贡道方面。他们有的从河水所经的积石山浮河而下，一直到达龙门山，冀州西陲的西河，然后再会合在渭水入河的地方。而当时西戎诸国，如昆仑、析支、渠搜等所贡的地毯，就是走的这个贡道。所以经文说：

浮于积石，至于龙门西河，会于渭汭。织皮、昆仑、析支、渠搜，西戎即叙。

经文中所说的积石，就是积石山，在今青海西宁的西南，也就是青海东南境的大积石山。龙门，在今陕西韩城东北。昆仑，国名，地当今甘肃酒泉西南一带，即昆仑山附近。析支，国名，地当今甘肃临夏州以西，青海省的民和、化隆、循化、同仁一带。渠搜，亦国名，地当今青海西宁西南一带。

九州的叙述，我们就在这里结束。

三、九州山水

以上是我们就着九州的界域、自然景观、田赋、贡品、贡道等在治理上所作的概括叙述，现在接着要探讨的是导山、导水的工作。山既为九州的山，水也是九州的水，所以我们就姑且以九州山水立名。

（一）首先我们谈导山。所谓导，是巡行的意思，也就是《史记·夏本纪》所说："予（禹）乘四载，随山刊水"的事情。再说得明白些，就是禹在九州尚未施工以前，先巡行各山，以观察情势，然后再作通盘规划，分别命令各州按顺序施工，这样才容易收效。禹的伟大处在此，其之所以能平定洪水，划分九州，使生民得以安居，立万世不朽之基业者亦在此。如把“导山”看作只是“导涧谷之水，而纳之川”，或是“浚两山之川，属之大川，以入于海”，这是把导山看作只是通水。果真如此的话，那就无异于“以邻为壑”了。我们试想，当九州的大川还没有决去壅塞，不能顺流入海以前，平地皆为巨浸所没，这些涧谷的大水又流向何处？所以必须先行勘察，就地势的高低作为规划导水的依据。这正是大水未退之前极其必要的勘察工作，不这样又如何能使大水顺流入海？说明了导山的意义之后，现在我们就以经文为序，依次探讨下去。

第一，先巡行岍（qiān）、岐、荆三山，以了解雍州形势。因冀州为帝都所在，与雍州隔河相望，地势高于冀州，势必先行勘察。所以经文一开始就说：

导岍及岐，至于荆山，逾于河。

这是说：导山，先从岍山开始，然后是岐山，再下来就是荆山了。

岍山：岍字或作汧，一作汧。在今陕西陇县。一名吴山，又名吴岳山。“三峰霞举，叠秀云天，崩峦倾返，山顶相捍，望之恒有落势。”自周尊岍山为岳山，俗又谓之吴山，或又合称吴岳。《史记》遂析岳山与吴岳为二山，而岍山之名遂隐。其实，此二山，《周礼》总谓之岳山，《禹贡》总谓之岍山，《汉书·地理志》不误，当以为正。

岐山：在今陕西岐山县东北四十里。一名天柱山，其峰高峻，状若石柱。《国语·周语》说："周之兴也，鸑鷟（yuè zhuó）鸣于岐山，故俗呼为凤凰堆。"山南，就是《诗经·大雅·绵》篇所称"周原膴膴（wǔ）"的周原。东西横亘，宽平肥美。观此，犹可想见古公亶父迁此的情景。

荆山：在今陕西富平县，当大河的西岸。《汉书·地理志》说："禹贡北条荆山，在南山下，有荆渠，即夏后（禹）铸鼎处也。"按：荆山有三处：一在雍州怀德，即今陕西富平县。一为荆州与豫州的界山，亦即卞和得玉的地方。一在豫州域内，即今河南灵宝县。韩愈诗："荆山已去华山来，日照潼关四扇开。"以及李商隐诗："扬仆移关三百里，可能全是为荆山。"就是指的此处。相传黄帝采首山铜，铸鼎于荆山下，也是指此山而说的。

第二，接着巡行壶口、雷首与太岳三山，以观其形势。经文说：

壶口、雷首，至于太岳。

壶口山：在今山西吉县西，与龙门山夹河相峙，东为壶口，西为龙门。自后魏太平真君七年（公元446年），改皮氏县名龙门县以后，龙门的名称于是就由河西移往河东了。所以颜师古注《汉书·司马迁传》说："龙门山其西，在今同州韩城县北，其东在今蒲州龙门县北也。"龙门县，即今山西河津。河津西北二十五里有龙门山，其实就是壶口山的南支，古时东岸并没有龙门山的名称。河水倾注其中，其形如壶，所以名为壶口，江海大鱼，至此不能上行，上则为龙，故名龙门。两山对峙，体分而势合，东必得西而始成其为口，西亦必得东而始成其为门。明白这个道理以后，也就了然壶口、龙门的形势了。

雷首山：在今山西永济南。永济也就是舜的都邑蒲坂。此山名称甚多，有首山（相传黄帝采铜于此）、首阳山（《论语》：伯夷、叔齐饿于此）、尧山、历山、襄山、独头山、薄山、陑山（汤伐桀升自陑，即此山）、中条山等名称。《括地志》说：“此山西起雷首，东至吴坂，长数百里，随地异名。”按：雷首的山脉为中条，东尽于垣曲县，王屋山亦在其中，禹到此后，顾不东行，反而北抵太岳，这可能是以帝都为急的缘故。

太岳山：在今山西霍州东三十里，山的周围约二百里，一名霍山，又名霍太山，为冀州的镇山。

第三，所要巡行的是底柱、析城和王屋。经文说：

底柱、析城，至于王屋。

底柱山：在今河南陕县东北四十里的大河中，也就是在今山西平陆县的东方。最北有两柱相对，距岸而立，是谓三门。

析城山：在今山西阳城县的西南七十里，山峰四面如城，且有南门。《水经注》说：“山甚高峻，上平坦，下有二泉，东浊西清，左右不生草木，数十步外，多生细竹。”《寰宇记》说：“山顶有汤王池，俗传汤旱祈雨处。今池四岸生龙须草。”

王屋山：在今河南济源西北，山有三重，其状如屋，与山西垣曲、阳城二县接界。《河南通志》说："山在济源县西八十里，形如王者车盖，故名。其绝顶曰天坛，盖济水发源处。按：天坛在县西北百二十里，王屋山之北，山峰突兀，其东曰日精，西曰月华，绝顶有石坛，名清虚，小有洞天。"李濂《游王屋山记》也说："天坛，世人谓之西顶，上有黑龙洞，洞前有大乙池，即济水发源处也。"

第四，巡行太行、恒山，一直到东北海岸的碣石山。经文说：

太行、恒山，至于碣石，入于海。

太行山：为一南北走向的大山，南起河南的修武县、沁阳市，北与恒山相接，绵亘一千余里。《朱子语录》说："太行山一千里，河北诸州，皆旋其趾，潞州上党，在山脊最高处，过河便见太行在半天如黑云然。"

恒山：在今河北曲阳县西北一百四十里处。一名大茂山，历代皆以为北岳。今山西浑源县南二十里，亦有恒山，《水经注》名为玄岳，又名阴岳、紫岳，高八千七百六十尺。宋代因为恒山被辽人所占，只好从曲阳望祀，因废曲阳的恒山。到了明代，就定浑源县的玄岳为恒山，然而秩祀仍在曲阳。清初，始改岳祭于浑源县，今则反而"数典忘祖"了。

碣石山：关于碣石山的所在，说法甚多，公婆之见，实难定案。综合言之，以主张在今河北昌黎县西北离海三十里的为绝大多数。然而胡渭《禹贡锥指》所考，又凿有可据之理，依胡氏所说，碣石山已在北朝魏孝昌二年（公元526年）至齐文宣天保四年（公元553年）间毁于海中，其位置当在今河北滦河口东的海中。

第五，然后再自西而东，先从西倾山开始，接着就是巡行朱圉山、鸟鼠山，直至太华山。所以经文说：

西倾、朱圉、鸟鼠，至于太华。

西倾山：在今甘肃临洮县西南四百里。一名强台山，延袤千里，为洮水、白水所自出。白水，就是梁州的桓水。

朱圉山：在今甘肃甘谷县西南六十里，一名天鼓山，又名白岩山。传说，山上有石鼓，不击自鸣，鸣则兵起。山带有红色，石上刻有“禹贡朱圉”四个大字，使人发思古之幽情。

鸟鼠山：在今甘肃渭源县西二十里。渭水就是发源在这里的南谷山。一名青雀山，又名鸟鼠同穴山。朱圉在东，鸟鼠在西，而经文却说：“朱圉、鸟鼠”，似不合逻辑，也无理可说。胡渭以为“自秦禁学，口说流行，颠倒其字耳。”这话是可信的。

太华山：在今陕西华阴县南十里，也就是我们熟知的西岳。《山海经》说：“太华之山，削成而四方，其高五千仞，其广十里。”《水经注》说：“华阴县有华山，远而望之，若华（古花字）状，西南有小华山地。”又说：“山上有二泉，东西分流，至若山雨滂湃，洪津泛洒，挂溜腾虚，直泻山下。”《寰宇记》也说：“华岳有三峰，直上数千仞，基高而峰峻，叠秀迄于岭表。三峰者，芙蓉、明星、玉女也。少华山在华州南十里，东去太华八十里，峰势相连，视华山差小，故曰少华。”

第六，然后再回头向南，自熊耳山开始，沿着外方山、桐柏山一直到陪尾山。所以经文说：

熊耳、外方、桐柏，至于陪尾。

熊耳山：在今河南卢氏县西南五十里，有东西两峰，犹如熊耳，所以才取名为熊耳山。《水经注》说：“洛水东经熊耳山北，《禹贡》所谓导洛自熊耳是也。”《山海经》说：“卢氏县熊耳山，双峰齐秀，望若熊耳，因以为名。齐桓公召陵之会，西望熊耳，即此山也。太史公司马迁，皆尝登之也。”

外方山：在今河南登封北十里，今名嵩山，又称嵩高山。为汉武帝所置，奉太室山。这就是后人所称的中岳。有太室、少室山庙。山上有石室，东叫太室，西叫少室，相去十七里，嵩高是山的总名。北山东西绵亘一百五十里，太室中为峻极峰、左右列峰各十二，共二十四。少室峰三十六，先儒都以为嵩高为外方山。

桐柏山：在今河南桐柏县西南九十里，峰峦奇秀，名称各异。县志说：“大复山在县东三十里，胎簪山，在县西北三十里，其实都是桐柏山的支峰，《禹贡》则总名为桐柏山。”

陪尾山：在今山东泗水县东五十里，为泗水的发源地。《水经注》说：“泗水出下县东南桃墟西北。桃墟，世谓之陶墟，舜所处也。墟有泽方十五里，泽西际阜，俗谓之妫亭山，自此连冈通阜，西北四十许里，冈之西际，便得泗水之源。”《博物志》说：“泗水出陪尾，盖斯阜者矣。”《隋志》说：“泗水县有陪尾山，今在县东五十里。”然对陪尾的所指不一，除上述外，尚有：陪尾在今湖北安陆东北六十里的说法，俗称为横尾山，是涢水的发源地。我们认定陪尾山是在今山东泗水县的根据是《禹贡》导淮自桐柏，东会于泗、沂。既然东会泗水，禹的巡行陪尾，不也很自然吗?

第七，以上一系列的巡行勘察完毕以后，禹又回头自西而东，先从嶓冢山开始，经荆山、内方山，一直到达大别山。所以经文说：

导嶓冢、至荆山、内方，至于大别。

嶓冢山：在今陕西宁强县南，在《禹贡》为梁州山，非属雍州。今甘肃西和县南，亦有嶓冢山，二山相距五六百里，非《禹贡》所指。《禹贡》所说的嶓冢，是所谓嶓冢导漾东流为汉的嶓冢，即陕西宁强县山。而甘肃西和县的嶓冢，为西汉水的发源地，也就是四川省嘉陵江的上源，不是《禹贡》所说的嶓冢。二山不可相混，特在此加以说明。

荆山：在今湖北南漳县西八十里。即《汉书·地理志》所说“临沮县有荆山”的荆山。它也是荆、梁、豫三州的界山。西北（荆州）三十里有清溪，溪北即荆山首，名字叫景山，也就是卞和抱璞玉而悲号的地方。“高峰霞举，峻竦层云”，为漳水、沮水的发源地。漳在北而沮在南。《元和志》说：“荆山三面险绝，唯东南一隅，才通人径。”《寰宇记》说：“南漳县荆山，顶上有池，乔松翠柏，列绕其旁。”我们看了这些记载，就不难想象荆山是如何的秀丽了。

内方山：在今湖北荆门东南一百八十里汉水上。一名章山，或称立章山。此山实界于今湖北钟祥、荆门、天门市以及江陵县的中间，所以说《禹贡》的人，各以一地为准，其方位难免互异。但所指却为一山。山高三十丈，周围百余里，山上有古城，为太尉陶侃伐杜曾所筑。

大别山：在今湖北汉阳东北半里，汉水的西岸。一名鲁山，又名翼际山（非今河南、湖北、安徽界上西北东南走向之大别山）。《左传·定公四年》说：“吴伐楚，自豫章与楚夹汉，子常济汉而陈，自小别至于大别。”杜预注说：“《禹贡》汉水至大别南入江。”《水经注》也说：“江水东经鲁山南，古翼际山也。”在《地说》这本书中也有记载：“汉与江，合于衡北翼际傍者也。”记载最详的，要算《元和志》了，它说：“鲁山，一名大别，在汉阳县东北一百步，其山前枕蜀江（长江），北带汉水，山上有吴将军鲁肃神祠。”小别一名甑山，在大别山的西边，也就是在今汉川东南十里的地方。

第八，以上一系列的工作勘察完毕，最后所剩下的就是岷山、衡山和敷浅原了。所以经文说：

岷山之阳，至于衡山，过九江，至于敷浅原。

岷山：岷，《史记》作“汶”，《汉书·地理志》作“㟭”，在今四川省西北的松潘县，其山东走，今甘肃、陕西的嶓冢山就是它的支脉。南下，今茂、理、汶川等县，亦为其余脉所压。近人曾运乾《尚书正读》说：“岷山，地志：在蜀郡湔氐道，西徼外，江水所出，今四川松潘县西北。按：此言岷山，非言岷山山脉也。嶓冢、西倾，皆自岷山分出。此云岷山之阳，则今乌蒙山脉东走为苗山脉，又东为五岭山脉者也。不举山名，而言岷山之阳者，自衡山以上，未有其名，故略其方向而已。”

衡山：在今湖南衡山县西，世人所谓南岳，指的就是此山。有岣嵝峰，所以一名岣嵝山。上有神禹碑，山下有舜庙，南有祝融冢。山的东、南二面，临映湘川，自长沙至此，七百里中，有九向九背，故渔者歌曰：“帆随湘转，望衡九面。”山上有飞泉，下映青林，直注山下，望之宛若练幅。《长沙记》说：“衡山轩翔耸拔，九千余丈，尊卑差次，七十二峰，最大者五：芙蓉、紫盖、石廪、天柱、祝融。祝融为最高。韩退之曰：‘五岳于中州，衡山最远，南方之山，巍然高而大者，以百数，独衡为宗。’顾璘《游衡记》云：‘登祝融之颠，俯视四极，苍然一色，山川杂陈，琐细莫辨；风自远来，其力甚劲，候与地下绝殊。比晓，观日出，海体象洞，见近若疆中，东余游氛，浩漫无际。’”我们看了这些记载，已可想见衡山的面貌了。

敷浅原：在今江西星子县与德安县境，亦即庐山东南山麓之地，宋朱子以为即庐山。

以上所述，为《禹贡》中的“导山”，后来的说经家嫌其支离不整，于是便根据山脉的走向加以条理化，所以有三条四列的说法。《汉书·地理志》说：“《禹贡》北条荆山，在怀德，南条荆山在临沮。”这是三条说法的开始。到了马融、王肃，他们则认为：导岍为北条，西倾为中条，岫冢为南条。郑康成则又分为四列。他以为：导岍为正阴列，西倾为次阴列；嶓冢为次阳列，岷山为正阳列。

可是到了宋代的蔡沈撰《书经集传》的时候，则又认为三条四列的说法都不适当，所以他又根据“导”字（因在导山的经文中，仅用了两个导字）分为南北二条。导岍，为北条大河北境的山，西倾，为北条大河南境的山。嶓冢，为南条江汉北境的山，岷山，为南条江汉南境的山。这说法唯一的毛病是：岍、岐、荆三山在渭水的北岸，而并不在河北。因此，吴幼清把北条又分为二，以岍、岐、荆三山在渭北，为北条之一，壶口至碣石九山在大河之北，为北条之二。到了元代陈栎撰《书集传纂疏》，则又以为：禹的导山，虽说是为了治理众水，大概说来，岍、岐之列，是黄河、济水所经，西倾之列，是伊、洛、淮、渭所经，嶓冢之列，为汉水所经，岷山之列，是江水所经。明白了这个道理，则其他枝蔓的言辞也就可以不必太计较了。这说法得到胡渭的赞赏。

我们的分法则是顺着经文的语气，逐次地加以叙述，所以一共分了八段。这样分，正可显示禹的导山是循序而为的，事先既有周密的计划，而后按计划一一去做，所以收效也大。如果一定要我们分条分列的话，那我们认为郑康成四列的说法最为可取，因为这是就着当时禹所勘察的路线而分的。如果再能配合陈栎的见解，就可以把整个地形的大势显示出来了。不过有人认为郑氏所说的“阴、阳”太困惑人了，但我们如把阴、阳二字看作北、南的话，不也是非常明白的吗？

其次，我们谈导水。这里所说的导水的“导”字，就意义言，与导山的“导”没有不同，也是巡行的意思。这是说，在九州规划完毕以后，禹又巡视国中的九大河川，再行勘察、规划，然后决定治理的方法及顺序，并不是像《书序》所说的“浚川”，疏、瀹、决、排一类的挖深、去壅塞或筑堤防的意思。这道理很简单，因水性就下，如要疏浚，当从各水的下游开始，不应该一开始就从各水的源头治理，这样做，是与水性相违背的，所以禹说：“我决九川距四海，浚畎浍距川。”（见《皋陶谟》）这不是自下而高的证明吗？而禹治九州的顺序，先冀州，次兖州，然后再青州、徐州、扬州、荆州、豫州、梁州，最后才是雍州，不也是从下而高吗？因此我们说，《禹贡》导水的“导”字，也是巡行的意思。而在九州中所说的各水，是禹施工的次第。而导水所涉及的九州，是禹巡行的次第，这种观念，是我们读《禹贡》必须先明了的。

禹所“导”的水，计有九条。依宋朱熹的意见，其先后的次序是这样的：“（1）弱水，最西北，又西流，不经中国，故首言之。（2）黑水，从雍、梁西界入南海，亦不经中国，故次之。（3）河，为四渎宗，且发源西北，故中国之水，以河为先。（4）汉，发源于西，在江之北，故次于河。（5）江，在汉南，故次于汉。（6）济，虽北而发源近，故次于江。（7）淮，在济南，故次于济。（8）渭水所经，止于雍州，于一州为大，于九州为小，故后及之。（9）洛水所经，止于豫州，自渭而言，又在南，故居末。”就次序说，朱子的见解我们是可以接受的。现在就照着经文所载的顺序，一水一水地叙述下去。

第一，先勘察弱水，一直到合黎山的峡口，而其余的大小河川则流向西方的沙漠。所以经文说：

导弱水，至于合黎，余波入于流沙。

弱水：源出今甘肃山丹县西南七十里的穷石山，西北流，经张掖北会张掖河（古羌谷水，又名合黎水），又西北，经高台县，再西北出合黎山峡口，又东北流入今内蒙古的居延海。合黎，山名，在今甘肃张掖西北，绵亘数百里，是一座大山。

流沙：即今甘肃敦煌以西的沙漠。杜佑《通典》说：“敦煌，即古流沙。”古又称为沙州，以位置言，今阳关、玉门关以西，即流沙所在。

第二，勘察黑水，直到今甘肃的三危山。经文说：

导黑水，至于三危，入于南海。

黑水：据《水经》、《山海经》所载，源出今甘肃张掖鸡山。此水今已不可详考。又《括地志》说：黑水源出今新疆伊吾县北百二十里，南流绝于三危山。三危山，在今甘肃敦煌东南四十里。又名升雨山。

经文之所以先导弱、黑二水，这是禹导水巡行的顺序，并不是施工的先后次序。当时禹正在雍州，而在各州水土功毕以后，乘舟勘察，从弱水开始，导至合黎山的峡口，又西，就是黑水了。至三危以后，即转而东南，到积石就开始巡行黄河了。

第三，勘察黄河，从积石山开始，然后依次由龙门山，南到太华山的北面，再由华山北折而往东，就是底柱山和孟津了。再往东走，经过洛水入河的交会点，再东走，就是大伾。由此折而东北走，经过洚水，就到了大陆泽；再向北，河水分为九道流入大海，而下游就不再有水患了。所以经文说：

导河积石，至于龙门，南至于华阴，东至于底柱，又东至于孟津；东过洛汭，至于大伾；北过洚水，至于大陆；又北播为九河，同为逆河，入于海。

河，即黄河，源出今青海巴颜喀拉山北的星宿海，流经四川、甘肃、宁夏、内蒙古、陕西、山西、河南、山东入海。

积石，就是积石山，在今青海省的东南境（见雍州）。

龙门，即龙门山，在今陕西韩城东北（见雍州）。

华阴，就是太华山的北面。太华山，见导山。

底柱，就是底柱山，见导山。

孟津：孟，本为地名，春秋时是晋国的河阳邑，汉代置河阳县，唐改为孟州，明为孟县，故城在今河南孟州西南三十里。津，是渡口。孟津，即孟地的渡口，即武王大会诸侯的地方，一名武津，又叫河阳津，《水经》称为小平津。今河南有孟津县。在孟州的西南，洛阳的东北。

洛汭，就是洛水流入黄河的入口处，在今河南巩县西南。

大伾，山名，即大坯山，在今河南浚县东南二里，俗呼为黎阳山。

洚水，就是浊漳水，源出今山西长子县西的发鸠山，过洚水处，在今河南临漳县南。

大陆，泽名，在今河北巨鹿县北（见冀州）。

又播为九河：播，是分、散、布的意思。九河，据《尔雅·释水》的记载：徒骇、太史、马颊、覆釜、胡苏、简、絜、钩盘、鬲津。九河中徒骇河最北，鬲津最南。这大概是因为徒骇是黄河的本道，其余东出的八河为分支的缘故。至于九河的旧迹，即使是汉代的河堤都尉许商也仅知徒骇在成平（今河北泊头，故城在泊头东），胡苏在东光（今河北东光县，故城在县东三十里），鬲津在鬲县（今山东德州，故城在德州北），其余的六河已不能稽考了。至于同为逆河的解释，甚不一致。逆，作迎解是对的，但就全句言，应为九河同为大海所迎接，而没于海，并不是九河又复合而为一，然后再流入大海。孟子说："禹疏九河而注之海"，九河各自入海，而并没有复会而为一，这不是一个很好的证明？况且许商在上书中也说："自鬲津以北，至徒骇间，相去二百余里。”就情势言，又如何能再合为一河？

至于禹河故渎，自今河南孟津县（荥泽县）以西，皆为禹河旧迹，迄无变更。唯自孟津以东，由于变更频仍，以致禹河难以稽考。今就各家学说，归纳如下：黄河从今河南荥阳北，东经原阳县北、延津县北，又东北至浚县西南，古名宿胥口，大伾山（又名黎阳山）在其口东北（南岸为滑县，即古白马津口），大河自今浚县，折而北行，经内黄、汤阴、安阳、临漳即入今河北境。经成安、肥乡、曲周至巨鹿县，古大陆泽就在县北。自巨鹿又北走，经南宫、新河、冀县、衡水、武邑、武强、献县、交河、青县、大城、静海等地至天津的直沽口入海。后大河自浚县宿胥口东行，经滑县入河北境，经濮阳、清丰、南乐、大名入山东境，经冠县、馆陶、堂邑、清平、高唐、平原、德县等地又入河北境，经吴桥、景县、东光、德县等地又入禹河故道，由天津入海。

第四，巡察汉水的源头，从嶓冢山开始。汉水的上源有漾、沔二名，当流经今湖北丹江口的时候，因水中有洲名为沧浪，所以又名沧浪水。流经天门时，有三澨水来会，再东流，经汉阳东北半里大别山的东坡，南折流入大江。东走则汇为鄱阳湖。再东流，就称为北江，流入大海。所以经文说：

嶓冢导漾，东流为汉，又东为沧浪之水，过三澨，至于大别，南入于江。东汇泽为彭蠡，东为江北，入于海。

漾水：源出今陕西宁强县的嶓冢山，又称沔水，东流至南郑县南，就称为汉水了。其入江处名沔口，又称汉口。

三澨：水名，在今湖北天门，本为三参水，俗名三澨水。嶓冢、大别，见导山。

第五，导江自岷山开始。岷山，也可写作汶山。大江源不出岷山，今人皆能了然。古人所说的江源，今谓之泯江，禹勘察大江形势，是从这里开始的。自此东流，分出一水，名为沱江。又东流，合澧水，纳洞庭，过九江，经东陵，再往东，斜行向北，会彭蠡泽，再向东流，即称为中江，流入大海。所以经文说：

岷山导水，东别为沱，又东至于澧。过九江，至于东陵，东迤北，会于汇，东为中江，入于海。

江，即长江，又称大江。源出今青海省巴颜喀拉山南麓，流经青海、云南、四川、湖北、湖南、江西、安徽、江苏、上海，为我国第一大水。

沱，就是沱江，自江分出为沱。别，是分的意思。沱江自今四川都江堰市分出，东南流至泸县入江。

澧，即澧水，源出今湖南桑植县，流入洞庭湖。据《水经》、《汉书·地理志》所载，都说流入大江。明人袁中道《澧游记》说："郦道元注《水经》，于江陵枚回洲下有南北江之名，南江即江水由澧入洞庭道也。陵谷变迁，今之大江，始独专其澎湃，而南江之迹，稍稍湮灭，仅为衣带细流，然江水会澧故道，犹可考云。"

东陵：地名，在今湖北黄梅县。有人说在今湖南的岳阳县，以经义来衡量，当以在湖北黄梅县为是。

九江：指洞庭诸水而言。

第六，勘察沇（yǎn）水，探其源头。沇就是济水的上源，古代所说江、淮、河、济为四渎，可见在当时来说，济也是一条大水。济入河，河水溢出成为荥泽。济水又东出于今山东定陶县陶丘北，又东流，经菏泽，再东北流，与汶水相会，又东北自博兴县流入大海。所以经文说：

导沇水，东流为济，入于河，溢为荥。东出于陶丘北，又东至于菏，又东北会于汶，又东北入于海。

沇水：源出今山西垣曲县东北的王屋山，也就是济水的上源，东流经河南的济源至孟州入河。

荥，即荥泽：已涸，在今河南荥阳县。

陶丘：丘名，在今山东定陶县。

菏，即菏泽：在今山东菏泽市，已涸。

汶，即北汶水：源出今山东莱芜，西南流入济。

第七，巡察淮水，自桐柏山始。淮水源出今河南桐柏县的桐柏山。东流经安徽、江苏，泗水从北合沂水来会，东入于海。所以经文说：

导淮自桐柏，东会于泗、沂，东入于海。

沂水：源出今山东蒙阴县，南流至今江苏邳州入泗。

泗水：源出今山东泗水县东的陪尾山，其源有四，四源俱导，因以为名。至今江苏邳州合沂水东南流，至淮阴入淮。今则流入运河。

第八，勘察渭水源流，从鸟鼠同穴山始。渭水源出今甘肃渭源县以西的鸟鼠同穴山（一名青雀山）。东流会沣水，又东会泾水，再东过漆沮水，至华阴的仓头村入河。所以经文说：

导渭，自鸟鼠同穴，东会于沣，又东会于泾，又东过漆、沮，入于河。

沣水：源出今陕西户县东南牛首山，北流至咸阳东合诸水入渭。泾水：源出今宁夏泾源县，至陕西高陵县西南的上马渡入渭，入渭处叫泾口。

漆、沮：二水名，其源流始终，请见雍州第一，川原山泽条。此二水虽不大，然以经文来看，渭水是过此二水而东入河的。可是尚有一名洛水的水，亦称漆、沮之名，漆水，源出今陕西定边县的白於山，东南流，经黄陵县东北，沮水自西南来会。沮水源出黄陵县西北境的子午山，会漆水后，继续东南流入河。

第九，勘察洛水（南洛水，洛，应作雒）。从熊耳山开始，洛水自此东北流，与涧水、瀍水相会后，又东流与伊水会，再东北流，至巩县北入河。所以经文说：

导洛自熊耳，东北会于涧、瀍，又东会于伊，又东北入于河。

洛水：源出今陕西洛南县西的冢岭山，亦称西熊耳山，东南流，经河南卢氏县城南，即曲曲东北流，经熊耳山北，至今河南洛阳西南境有涧水合谷水，西北自渑池、新安二县来会，又至洛阳东，有瀍水自北来会。至偃师南，有伊水自西南来会。再东北流，至今巩县北入河。

熊耳山：在今河南卢氏县东（见豫州）。

涧：水名，源出今河南渑池县北境的白石山，东流经新安至洛阳西南入洛。

瀍：水名，源出今河南洛阳西北境的谮亭山，与谷城山相连，东南流，至洛阳东入洛。

伊水：源出今河南卢氏县东南百六十里的东峦山，即熊耳山的支阜，也叫闷顿岭。东北流至偃师南入洛。

四、治平措施

九州既已安定，而巡山导水的工作亦相继完成，大禹的功绩在这里也就不言而喻了。后人每以“神禹”称之，显不为过。当洪水之时，有人如此，又如何能不被视若“神明”？天下既定，而展现在眼前的工作依然很多，如不因势利导，那将前功尽弃，乱象丛生。在此情势下，进一步的治平措施实在不容稍缓。兹依据经文所载，分别探讨如下。

(一) 总叙平定水土之功，而今读来，仍能令人发思古之幽情

经文说：

九州攸同，四隩既宅，九山刊旅，九川涤源，九泽既陂，四海会同。

经文中所说攸字，作用、以解。同，作和平解。隩（ào，也读 yù），作边界、涯字解。既宅，是说已经居住了人。刊，当作栞，作槎识讲，也就是标志的意思。旅，作治、通、道解。涤源，《史记》作既疏解，就是已经疏通的意思。陂，是堤防，如作动词用，就是筑堤防的意思。至于九山、九川、九泽的解释，有人指实，有人说是九州以内的山川泽薮。如指实的话，九山是指岍、壶口、底柱、太行、西倾、熊耳、嶓冢、内方、岷山而言。九川是指弱水、黑水、河、漾（汉、沔）、江、沇（济）、淮、渭、洛（雒）而言。九泽是指大陆、雷夏、大野、彭蠡、震泽、云梦、荥波、菏泽、孟猪而言。验诸经文，自当以指实为是。会同，言洪水会合、同归于海的意思。经文的意思是说：广大的九州因洪水的消退而平定了下来，四方的土地也都可以居住了。之所以能如此，那全是由于九州的山峦已经槎识标明，九州的河川已经疏浚通畅，而九州的泽薮也已经各有所钟，不再任意泛滥，就是因为四海之内的水无不会同、无不平治，使各有所归，所以才能不仅使九州的人民往来无阻，

即便是蛮夷戎狄也可会同于京师了。这种功绩实在太大了，又如何能不使人民敬服?

（二）修六府，正土地，以成赋税之则

洪水既退，九州已平，人民亦能各就其居。这时所应急切讲求的，就是人民日常生活的物质条件以及田亩等级的订定、赋税的征收等问题。所以经文说：

> 六府孔修，庶土交正，厎慎财赋，咸则三壤，成赋中邦。

经文中所说的六府，是指水、火、金、木、土、谷来说的，因为这六种物质是人民在生活上所不可缺少的，所以大修六府之政是极其必要的。孔，作大、甚解。修，作治解。庶土交正，是说各种土壤俱得以正其等级的意思。厎，作致解。三壤，是指土地分上、中、下三等。中邦，就是九州、中国的意思。成，是成法。意思是说：四海会同以后，接着就是大修六府之政，使人民足用，厘订各种土壤的等级（肥、硗、高、下），并谨慎地致力于财赋的征收与运用，而征收的法则，一遵土地上、中、下三等的原则。不过这种赋税，只有中国之内的人民才有，蛮夷是有贡无赋的。

(三) 建国立宗，奖励有功，以德为先

土广人众，如不分区治理，就难收政治上的功效。而主其责的人最好是能敬悦修德为先的人，如果这样，不仅受封的人能服从尽职，即使是在其治理区域以内的人民，也会无不顺从的。所以经文说：

锡土姓，祇台德先，不距朕行。

经文中所说的锡土，就是赐土地封国的意思。这样做是为了奖赏有功劳的人。锡姓，就是对有德的人赐以姓，来表彰他的勋德。祇，作敬解。台，与怡同，作怡悦解。经文的意思是说：封土建国，赐姓以立其宗氏，要以敬悦修德的人为先，这样人民才不会抗拒政府的一切措施，而乐意顺从治化。

(四) 定五服之制，以为治化之准则

第一，甸服。甸，是王田。服，是服事天子的意思。甸服的区域，是由王城以外四面各五百里，所谓“王畿千里”就是此意。畿内为天子的田，而人民为天子治理田事，所以叫甸服。同时畿内亦不封诸侯，田赋入于天子。经文说：

五百里甸服：百里赋、纳总，二百里纳铚，三百里纳秸服，

四百里粟，五百里米。

经文所说的总，就是刈谷之后的全部，从穗到秆。百里距王城最近，故赋此税。铚（zhì），就是刈禾之后断去稿，也就是禾穗的意思。二百里距王城较远，故减轻其重量。秸服，又断去其芒的意思，使重量再减。“服”与“稃”声近相假，就是谷皮。粟，谷实带壳叫粟，这是距王城四百里的赋税。距王城五百里的地区，就只缴纳去壳的白米了。经文中所说的里数，皆以王城为中心，其税皆当什一，只是所纳有精有粗，远轻而近重，借此使劳役均平。

第二，侯服。侯服，就是侯国之服，即在甸服以外四面又各五百里的区域。在这一服内，分封诸侯为三等，有大夫的采邑、有男邦、有侯国。经文说：

五百里侯服：百里采，二百里男邦，三百里诸侯。

经文中的采，作事解，受命以事天子。采，就是卿大夫的邑地。男，爵位名，男爵是小国。诸侯，是侯爵的大国。建立侯服的最大目的，就是用来护卫王城天子。

第三，绥服。所谓绥服，是在侯服以外又向四面各延五百里的服制。在这一服内，分为二等，前三百里，诸侯揆度天子的政教以行；后二百里，诸侯振奋武德，来捍卫天子。经文说：

五百里绥服：三百里揆文教，二百里奋武卫。

经文所说的绥，作安解。这是说：距离王城渐远，而采取安抚的意思。揆，作度解。这里所说的文教、武卫，并非如蔡沈所说“文以治内，武以治外”，而只是所主重点不同而已。内三百里，并不是全不讲武卫，而外二百里，亦非全不讲文教，安内治外，当视其实际情况而定，如果执一而不知权变，那就难免“胶柱鼓瑟”了。

第四，要服。所谓要服，是在绥服之外再向四面各延五百里的服制。在这一服内，也分为二等，前三百里为夷，后二百里为蔡。经文说：

五百里要服：三百里夷，二百里蔡。

宋蔡沈《书经集传》说：“要服去王畿已远，皆夷狄之地，其文、法略于中国，谓之要者，取要约之义，特羁縻之而已。”清江声《尚书集注音疏》说：“要结好信而服从之。”既然距王畿已远，若不强行治理，也只好与之结好，使之信服而从化了。所谓“夷”，根据伪孔传的说法，是“守平常之教，事王者而已”。这无异信守所约，而不内犯。所谓“蔡”，根据马融的说法，蔡作法解，指的是受王者的刑法。所以到了宋代蔡沈著《书经集传》的时候，就将“蔡”字解释为“流放”了。此外，蔡，也可作草解，见《说文》。如果这样理解的话，那经文“二百蔡”的意思就是：“五百里要服，三百里夷以外的二百里，就是草原了。”这解释虽然新奇，但也合理。

第五，荒服。所谓荒服，就是在要服以外再各向四面延伸五百里的区域。在这一服内，仍分二等，前三百里为蛮，后二百里为流。经文说：

五百里荒服：三百里蛮，二百里流。

经文所说的荒，马融说是："政教荒忽，因其故俗而治之。"蔡沈《书经集传》说："以其荒远，故谓之荒服。"若与要服相较，当为不可要约而治了。所谓"蛮"，是慢的意思，表示此蛮夷之区，礼简怠慢，来不拒、去不禁。"流"，就是流放，因荒服为边裔，蛮荒少人烟，有积恶大罪的人，先王不忍杀，往往投之远方，故亦为流放罪人的地方。"蔡"与"流"，都是用来流放罪人的场所，因罪有轻重，所以地也有远近的分别。

我们叙述完五服的制度以后，对于五服的行文寓义也应作进一步的了解，那就是五服制度在行文上，往往是以前义笼罩后义。例如：在甸服中，举出天子的赋税，以见诸侯在其封疆内亦应如是，并不是说诸侯在封疆内没有田赋。侯服，是说有诸侯自此服开始，也并不是说从侯服以外就没有诸侯了。绥服的三百里揆文教，二百里奋武卫，是说揆文教与奋武卫自绥服始，也不是说在绥服外无文教武卫的意思。再如要服三百里夷，二百里蔡；荒服三百里蛮，二百里流，是说，要服、荒服的边裔是流放罪人的场所，并不是说这二百里不是蛮、夷啊！这一层见解是我们不可忽略的。

其次是关于五服的里数问题，今文家认为是方五千里，而古文家则以为方万里，他们认为尧时已本有五服，且每服五百里，而再加上禹所弼的五千，刚好是一万里，经文中所说的三百里、二百里，是禹弼的残数，因此要在每服加上五百里，这样就变成四方各五千里了。

至于周制，也是方万里，不过周制不叫五服，而名九服，名称为侯、甸、男、采、卫、蛮、夷、镇、藩。每服也是五百里，计四方各四千五百里，再加王畿千里，故亦为万里。

五、地平天成

根据古籍的记载，禹巡山行水，划野分州，八年于外，三过家门而不入，所以最终能平定洪水，使人民得以安居，而告成功于天下。所以经文说：

东渐于海，西被流沙，朔南暨，声教讫于四海。禹锡玄圭，告厥成功。

我们就这段经文，绎其义蕴，显然可以看出三层。

第一，绘出了当时的国界，使后人得以知悉，在远古时代，我们的国家就已有如此的规模。就界域说，东到大海，西至流沙（现在甘肃的敦煌以西与新疆接界处），北横大漠，南及五岭。这一片广大无垠的大好河山，就是我们中华民族历五千年绵延繁衍的发祥地。

第二，声教远播，尽于四海。所谓“声教”，简单地说就是声名教化。禹平洪水，百姓安居，而一时文教声誉之隆，四海之内无不闻而向慕。有的自请归化，有的进贡方物表示亲善的诚意。这固然是我先民智慧、勤劳的结晶，同时亦为我民族的殊荣。缅怀此一伟大事迹，我们当奋勉有为，方可上对亿万代的祖先，下对亿万世的子孙！所谓声教远播，具体地说，就是远方的人虽不能近见善教的事实，然而却可以远闻善教的声名，而由衷地向慕，进而效法、归化。

《礼记·中庸》篇称颂我至圣先师孔老夫子所说的“声名洋溢乎中国，施及蛮貊，舟车所至，人力所通，天之所覆，地之所载，日月所照，霜露所坠，凡有血气者，莫不尊亲”这几句话，就是声教讫于四海的真正意义。经文中的渐字作入解。被，是覆盖的意思。朔，指北方。暨，作及解。讫，是尽、及的意思。四海，是一种大概的说法，指东夷西戎、南蛮北狄而言。

第三，禹告成功，国人承化。当大禹治水成功之日，亦即国人安居承化之时。而舜得以垂拱而治，禹的功劳应为第一。而舜之所以将帝位让于禹，百姓之所以拥戴禹，这种加诸四海的大功，万世永赖的绩业应为第一要素。《中庸》说:“大德者，必得其位。”三代之隆，难道是偶然的吗?

所谓“禹锡玄圭”，锡，作与、献解。在古代，于用字上不像后世上下分明，例如“朕”字，任何人都可用来表示第一人称。玄，是天色。玄圭，是用玄色的玉所制成的圭。这是说：水土既平，禹就献上玄圭，向帝舜报告治水的大功告成。自此以后，教、养兼施，使人民“遂其生，复其性”，而国家大一统的雏形不也就展现在我们的面前了吗？后人每以“尧天舜日春风暖，治水仁山佳气多”两句话来称颂我国上古时代的三位大圣人，他们确实是当之无愧的。

六、结语——《禹贡》的价值

（一）我们通观《禹贡》一篇，似可分成以下几个层次

第一，从“禹敷土”到“奠高山大川”，这是说大禹治水先厘定其规模，然后再从事于工作的进行。这就好比现在要做某一件大建设，先作周详的计划，然后再照计划进行是一样的。宋时澜《增修东莱书说》卷五在这段经文下说：“史官作《禹贡》，首言禹敷土，见禹胸中先有一定之规模，分布九州之土，某土如此，某土如彼，然后用工，所以有成。若逐州临时乃为方略，则散乱参错，劳而无功矣。禹之治水，其大规模，在于先敷土而已。”这话真是说得再确切也没有了。我们的见解，正是如此。

第二，从冀州以下，以帝都为主，自东而西，分别治理，以至于雍州。在我们的叙述上，则用“九州敷土”一个大项目来包括。清胡渭《禹贡锥指》(《皇清经解》卷二十八）说：“敷土，是禹未出门时事，冀土赋与某某，兖土赋与某某，此不过择人而任之，犹未知某山、某川为当治也。及随山刊木已毕，高山大川，历历可数，禹于是定某山为某州之山，某川为某州之川，使各治其所有，则法加详矣。山川既奠，禹与益、稷、四岳俾九牧，各率其属，发人徒以就役，或两地先后兴工，或邻封一时并作，或决川之余，兼及畎浍；或距海之后，久乃涤源；或为二州之界，而临事共协其力；或历数州之域，而当境各任其劳，上下相维，彼此相应，如身之使臂，臂之使指，故能量功命日，不愆于素，八年而九州攸同，十三载而锡圭告成也。”胡氏的这一段话不仅揭开了《禹贡》治理九州的秘史，同时使我们对于经义的了解也有了更进一层的认识。所谓“通经致用”，在这里可以得到充分的证明。

第三，从导岍以下，贯联了九州的山水，使我们对于山川的走向，泽薮的所在有一个基本的概念和了解。这一点我们在叙述时用“九州山水”的名称来概括。

第四，从九州攸同以后，我们用“治平措施”为目来概括“四海会同”、“六府孔修”、“成赋中邦”、“锡土姓”的承平局面以及五服制度的区划和自内而外的措施。

第五，自“东渐于海”到“告厥成功”，我们用“地平天成”

标目，来叙述国界的四极，声教的远播以及大告成功的大一统景象。

(二)《禹贡》的价值

我们读了《禹贡》以后，似乎应有以下的几个看法。

第一，九州的经略划分，悉以自然形势为准则，此一独具千古慧眼的见解足可使《禹贡》永垂不朽。是以宋代的郑樵在其所著《通志》序中说："《禹贡》分州，必以山川定其经界，九州有时而移，山川千古不易，使兖州可移，而济、河之兖州不可移；梁州可迁，而华阳、黑水之梁州不可迁，故《禹贡》为万世不易之书。后之史者主于郡县，故州县移易，其书遂废矣。"这话真是说得再确切也没有了。除非我们不欲知晓国家的山川形势，做一个不知生长在何地的人，否则，哪能不读《禹贡》呢？

第二，《禹贡》为我国地理的权舆。循着九州的治理顺序，我们可领悟到地形的高低，明晰各地的土质出产，乃至川原山泽的分布与名称，贡赋、交通的情况以及山的走向与串联，水的源流与排比。这一切，足可使我们发思古之幽情，油然而生爱国、爱家的意识与信念。

第三，《禹贡》所言虽为治水，然其实就是养民、教民的措施。当各州为洪水肆虐的时候，人民何得而居？又何得而食？在此情况下，虽欲养可能吗？欲得其养，而唯一的途径，就是使洪水消退。禹奋力治水，使九州得以平定，继之则使“六府孔修”，这不是养民之政是什么？民既得其养，如不教之，使复其性，其与禽兽又有何异？所以“锡土姓，祗台德先”，人民始能乐从。至于“成赋中邦”之举，“声教讫于四海”之为，则又是“善政得民财、善教得民心”了。这些效果，不都是由教化所得来的吗？

第四，《禹贡》可使我们体认做事的方法与过程，启发我们的科学思想。如就全篇的结构来说，由禹的“敷土”到“随山刊木”，以及高山大川的测定，这规划是多么的翔实，记载虽简，我们领悟应多。然后由冀州的治理，一直到导山、导水、九州攸同以及五服的划定，赋税的征收，国防的布置，直到“告厥成功”，在行文上，又是多么的井然有序，而轻重、缓急、本末、先后的节节叙述又是多么的明白而确切！我们读了这些记载，难道不应佩服先民的做事方法和所具备的科学精神？

第五，《禹贡》可启发我们公而忘私、国而忘家，大仁、大勇的服务热忱。元陈栎在所著《书集传纂疏》卷二说：“《禹贡》一书，虽纪平水土，制贡赋之事，而有躬行教化之精微寓焉。”这话是不错的。如《皋陶谟》说：“予创若时：娶于涂山，辛壬癸甲。启呱呱而泣，予弗子，惟荒度土功。”意思是说：“当我刚开始治水，就娶了涂山氏的女儿。结婚之后，仅仅在家住了三宿，就又奉命治水了。后来虽然屡次从家门经过，却从没有进去看看，即使听到启呱呱的哭声，我也没有时间去抚育、教养他，只是忙着平治水土的工作。”孟子也说:“禹八年于外，三过其门而不入。”在这里我们不禁要问，禹何以会如此？是什么力量使他如此？说穿了，也只不过是一个“仁”字。所以孟子于《离娄下》篇称赞他说:“禹视天下有溺者，犹己溺之也。”这种公而忘私、国而忘家、躬行实践、以身作则的敬业精神，将永为世人的典范。孔子所说:“其身正，不令而行；其身不正，虽令不从。”又说:“禹，吾无间然矣！”是否有感于此呢？

太史公司马迁在《史记·河渠书》中说:“禹抑洪水，十三年过家不入门。”这在服务国家、人群的精神上与孟子所说并无二致，而在时间上却比孟子所说多了五年。后人每以此相质，究以何说为是？要回答这个问题，就必须先从经文说起。在《皋陶谟》中，禹曾自言:“娶于涂山，辛壬癸甲。启呱呱而泣，予弗子，惟荒度土功。”以情理说，这段时间可能用了八年，相当于《禹贡》中自“冀州”到“成赋中邦”的这一段工作时间。而《皋陶谟》又说:“弼成五服，至于五千，州十有二师，外薄四海，咸建五长，各迪有功。”这显然与《禹贡》中所说:“九州攸同，锡土姓”，至“声教讫于四海”这一段文字相似。这种“东渐西被，声教四讫”的效果，可能在八年之内无法达成，就时间上说，势必延长，所以太史公说成十三年。这种说法就情理言，似乎尚无违背的地方。至于八年、十三年时间的长短，从牺牲奉献的精神上说，则没有什么不同。在这里，不也正可看出禹的大公无私，舍己为人的伟大情操了吗？

七、附载

(一)《禹贡九州图》，录自程发轫《春秋左氏传地名图考》

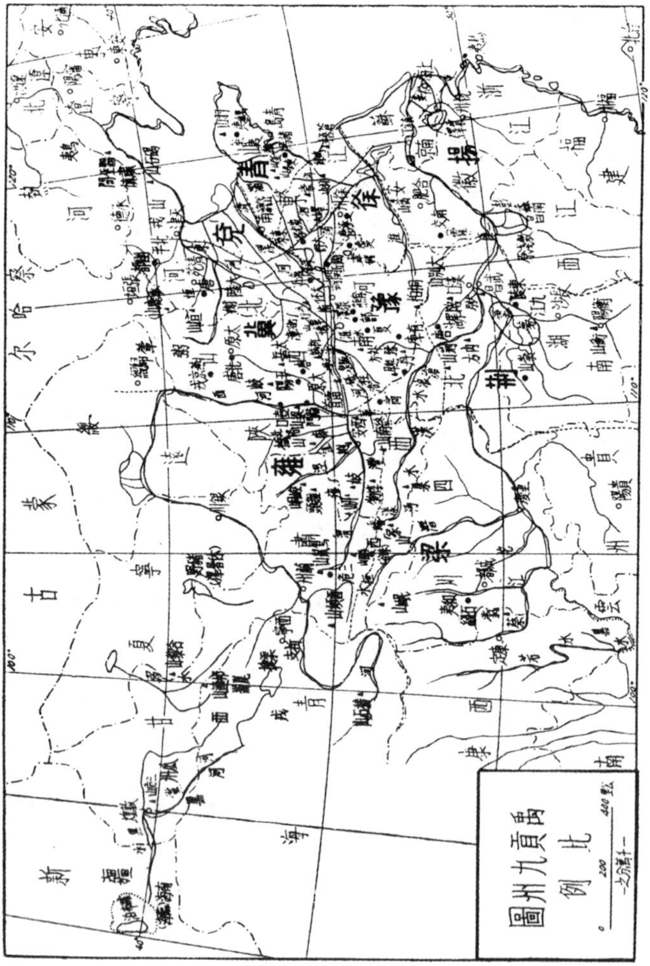

(二)《禹贡》任土作贡图

卷 说 书 自 此 首 汇 经 钦 图 上 纂 传 定 录		图贡作土任贡禹
雍 贡 土赋田 球 黄中上 琳 壤下上 琅 玕	冀 土 田 赋 白 中 上 上 壤 中 错	兖 篚 贡 土 赋 田 织 漆 黑 贞 中 文 丝 坟 下
梁 贡 土赋田 罴璆 青下上 狐铁 中 狸银 黎三下 织镂 错 皮砮 磬 熊	豫 篚 贡 土赋田 纤 漆 壤错中 纩 枲 下上上 磬 絺 土中 错 纻 坟 垆	青 篚 贡 土赋田 檿 铅盐 白中上 丝 松絺 坟上下 怪海 石物 丝 枲
荆 篚 贡 土赋田 玄 菁丹干羽 涂上下 纁 茅箘栝毛 玑 纳簵柏齿 组 锡楛砺革 泥下中 大包砥金 龟匭砮杶	扬 篚 贡 土赋田 织 篠金 涂下下 贝 齿三 上 包 革品 泥上下 橘 羽瑶 错 柚 毛琨 木筱	徐 篚 贡 土赋田 玄 桐土 赤中上 织 磬五 埴 缟 蠙色 坟中中 珠夏 鱼翟 孤

(三)《禹贡》王服图

(1)今文家说

甸服即为王畿，服内不封诸侯，每服相距五百里，故五服方五千里。

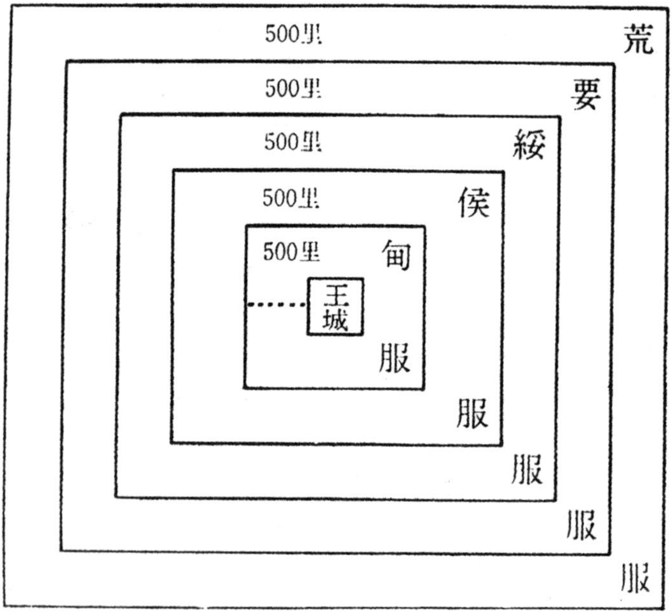

⊙ 图一

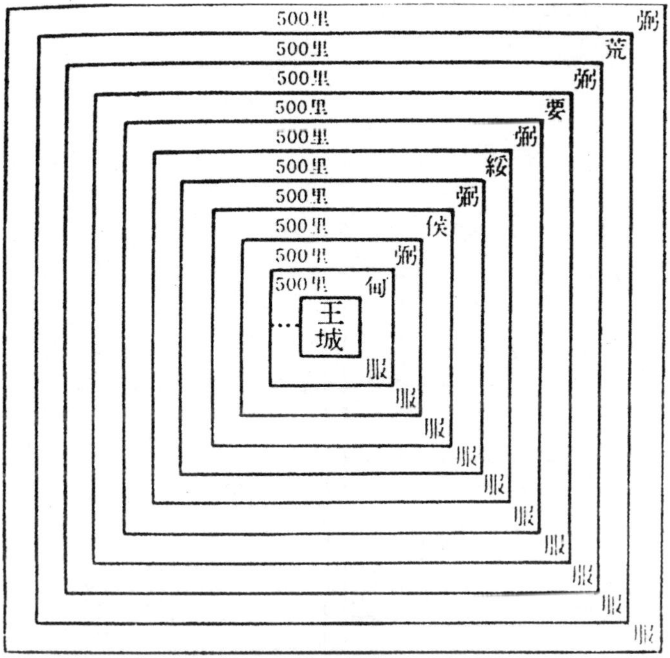

⊙ 图二

（2）古文家说

王畿千里，王城与甸服为王畿。尧时本有五服，且每服五百里，再加禹弼之五千，故为万里。

附：《周礼·职方氏》九服图

⊙ 说明：周制九服，王畿千里不在服内，然后以每服五百里向四面延伸，故亦为万里。

(四)《禹贡》中之山

名称	《禹贡》州别	今地	备考
岍山	雍	陕西陇县	一名吴山，又名吴岳山
岐山	雍	陕西岐山县东北	一名天柱山
荆山	雍	陕西富平县	荆山有三处：一为陕西富平县，一为荆州与豫州之界山，一在今河南灵宝县
西倾山	雍	甘肃临洮县西南	一名强台山
朱圉山	雍	甘肃甘谷县西南	一名天鼓山
太华山	雍	陕西华阴县西南	俗谓西岳，为雍梁界山
鸟鼠山	雍	甘肃渭源县西	一名青雀山，又名鸟鼠同穴山
合黎山	雍	甘肃张掖西北	此山绵亘数百里，为一大山
三危山	雍	甘肃敦煌南	又名升雨山
积石山	雍	青海西宁西南	此山覆压青海东南境
龙门山	雍	陕西韩城东北	
终南山	雍	陕西长安县	
惇物山	雍	陕西郿县	一名垂山
壶口山	冀	山西吉县西	与龙门山夹河相峙，东为壶口，西为龙门
梁山	冀	山西离石东	又名吕梁山，山南北走向，绵亘数县
岐山	冀	山西介休东南	又名狐岐山，一名薛颉山，又名洪山

续表

名称	《禹贡》州别	今地	备考
太岳山	冀	山西霍州东	一名霍山，又名霍太山
雷首山	冀	山西永济南	此山有首阳山、尧山、历山、襄山、独头山、薄山、陑山、中条山等名称
底柱山	冀	山西平陆县东	此山亦可谓在今河南陕县东北四十里处大河中
析城山	冀	山西阳城县西南	
王屋山	冀	河南济源西北	此山与山西垣曲、阳城二县接界
太行山	冀	山西东境	此山南北走向，南起河南修武，北至河北恒山
恒山	冀	河北曲阳县西北	一名大茂山。历代皆以为北岳。今山西浑源县亦有恒山，《水经》名为玄岳，又名阴岳、紫岳。至明代始定玄岳为恒山
碣石山	冀	河北昌黎县西北	此山说法甚纷，难以定论
熊耳山	豫	河南卢氏县西南	
外方山	豫	河南登封北	今名嵩山，又称嵩高山，后人所谓中岳即指此山
桐柏山	豫	河南桐柏县西南	支峰名称甚多，如大复山、胎簪山等皆是
荆山	豫	湖北南漳县西	即卞和抱玉悲号之山。亦为豫、荆二州之界山
大伾山	豫	河南浚县东南	俗呼为黎阳山，亦称西熊耳山

续表

名称	《禹贡》州别	今地	备考
冢岭山	豫	陕西洛南县西	为泗水之发源地
陪尾山	徐	山东泗水县东	
蒙山	徐	山东蒙阴县西南	
羽山	徐	江苏赣榆县南	
浮山	徐	江苏邳州西	
峄山	徐	江苏邳州	
敷浅原	扬	江西星子县、德安县境	朱子以为即庐山
岱山	青	山东泰安	今名泰山。泰，一作太
内方山	荆	湖北荆门东南	一名章山，或称立章山
大别山	荆	湖北汉阳东北	一名鲁山，又名翼祭山，非今河南、湖北、安徽界上西北东南走向之大别山
衡山	荆	湖南衡山县西	世人谓之南岳
嶓冢山	梁	陕西宁强县南	今甘肃西和县南亦有嶓冢山，二山相距五六百里，非《禹贡》所指
岷山	梁	四川松潘县	岷，《史记》作汶，《汉书·地理志》作崏
蔡山	梁	四川雅安东	
蒙山	梁	四川雅安北	

（五）《禹贡》中之水

按：表中所言省县皆为今名。

名称	发源	流入	备考
弱水	甘肃山丹县西南七十里穷石山	内蒙古居延海	
黑水	（1）甘肃张掖鸡山 （2）新疆伊吾县北	南流绝于三危山	梁州亦有黑水，即云南金沙江
黄河	青海积石山	东流入海	黄河实发源于青海巴颜喀拉山之星宿海
洛汭	在河南巩县西		洛水入河处
洚水	山西长子县发鸠山	流至河南林县合漳与发源山西昔阳县西南少山之清漳水会合后流入黄河	即浊漳水
漾水	陕西宁强县嶓冢山	流入长江处称沔口，又称汉口	又称沔水，东流至南郑县始称汉水
九河	据《尔雅》所载，其名为：徒骇、太史、马颊、覆釜、胡苏、简、絜、钩盘、鬲津		其河道，今已无可稽考
三澨	湖北天门	入汉	俗名三淀水

续表

名称	发源	流入	备考
长江	四川岷山	东流入海	长江实发源于青海巴颜喀拉山之南麓
沱	四川都江堰市自江分出	至泸县入江	即沱江，自江分出为沱
澧	湖南桑植县	入洞庭湖	即澧水。《水经》、《汉书·地理志》均言入长江
九江	此处九江，乃指洞庭沅、渐、叙、酉、资、醴（醴通澧）、元（元为无之讹）、辰、湘诸水言		
沇	山西垣曲县王屋山	河南孟州入河	乃济水上源
菏水	自菏泽分出	东至鱼台入泗	菏泽，在今山东菏泽市
汶水	山东莱芜县原山	西南流入济	
淮水	河南桐柏山	流经江苏入海	
沂水	山东沂源县	南流至江苏邳州入泗	
泗水	山东泗水县陪尾山	至江苏邳州合沂水东南流至淮阴入淮	今流入运河
沣水	陕西户县东南牛首山	北流至咸阳东合诸水入渭	
泾水	宁夏泾源县	至陕西高陵县西南上马渡入渭	入渭处名泾口

续表

名称	发源	流入	备考
渭水	甘肃渭源县西鸟鼠同穴山	至陕西华阴县仓头村入河	
漆水	陕西铜川东北北高山	西南流至耀县与沮水合	
沮水	陕西黄陵县西北	东南流合漆水至富平县入渭	又名漆沮水
（北）洛水	陕西定边县白於山	东南流至朝邑县赵渡镇南入河	此水为北洛水
洛水	陕西洛南县西冢岭山（亦称西熊耳山）	至河南巩县北入河	此为南洛水
涧水	河南渑池县北境之白石山	至洛阳西南入洛	
瀍水	河南洛阳西北境谮亭山	至洛阳东入洛	
伊水	河南卢氏县东南东峦山	至偃师南入洛	东峦山即熊耳山之支阜，亦名闷顿岭
漳水	山西昔阳县西南少山	至河南林县合漳与衡水会入河	即清漳河
衡江	山西长子县西发鸠山	流至河南林县合漳与漳水会入河	原名浊漳水，郦道元称之为衡水，又称横水，亦即泽水
恒水	山西浑源县境恒山之北谷	河北唐县与滱水会	以下即称为滱水

续表

名称	发源	流入	备考
卫水	河北灵寿县东北	东流入呼沱河	俗呼为雷沟河
灉、沮	二水俱出山东濮县东南平地	流入雷泽（雷夏泽）	《尔雅》：水自河出为灉，自济出为濋（沮）
潍水	山东莒县箕屋山	至昌邑东北入海	青州水
淄水	山东莱芜东原山	至寿光入海	
济水	山西王屋山（一说出河南济源，实乃一处）	东流至山东博兴县入海	济之上源为沇水。今名小清河
漯水	山东朝城	东流入海	即今之大清河
三江	说法不一，《汉书·地理志》谓：南江在吴县东入海，北江在毘陵（今江阴）北东入海，中江出芜湖西南东至阳羡（今宜兴）入海		讫无定论，姑以《汉志》为代表
汉水	陕西宁强县嶓冢山	湖北汉阳会长江东流入海	上源为漾水（见漾水）
沱	湖北枝江	东流入江	此荆州之沱
潜	湖北潜江	入汉	此荆州之潜
黑水	在青海为通天河	流入四川会岷江为长江	在四川、云南省境称金沙江

续表

名称	发源	流入	备考
桓水	甘肃临洮之西倾山之南	南流入白龙江，再入西汉水	即经文所载之潜水
沔水	陕西略阳县东狼谷	南流入汉	一名沮水
和川	四川荥经县北九十里	过蒙山东流，谓青衣水，入岷江	又称和川水

（六）《禹贡》中之泽

名称	《禹贡》州别	今地	备考
大陆	冀	河北巨鹿县北	一名广阿泽，又名巨鹿泽
雷夏	兖	山东濮县	又名雷泽
大野	徐	山东巨野县东北	
菏泽	兖	山东定陶县东北	
彭蠡	扬	江西北部	今名鄱阳湖
震泽	扬	江苏吴县西南	今名太湖
云梦	荆	云在江北，属湖北省；梦在江南，属湖南省	今名洞庭湖
荥波	豫	河南荥阳	一名荥泽
孟猪	豫	河南商丘	孟猪，一作明都，又作望诸
猪野	雍	甘肃民勤县	一作都野，又名休屠泽

八、本篇参考书目

孔颖达《尚书正义》	艺文印书馆
蔡沈《书经集传》	世界书局
时澜《增修东莱书说》	《通志堂经解》
陈栎《书集传纂疏》	《通志堂经解》
江声《尚书集注音疏》	《皇清经解》
孙星衍《尚书今古文注疏》	中华书局
简朝亮《尚书集注述疏》	鼎文书局
曾运乾《尚书正读》	乐天书局
屈万里《尚书释义》	华冈出版社
朱鹤龄《禹贡长笺》	商务印书馆
胡渭《禹贡锥指》	《皇清经解》
蒋廷锡《尚书地理今释》	《皇清经解》
徐文靖《禹贡会笺》	商务印书馆
《春秋左氏传》	艺文印书馆
徐英通《论语会笺》	正中书局
《国语韦氏注》	世界书局
焦循《孟子正义》	中华书局
《礼记·中庸篇》	艺文印书馆
《汉书·地理志》	艺文印书馆
《大清一统志》	商务印书馆

杜佑《通典》	新兴书局
郑樵《通志》	新兴书局
《尔雅注疏》	艺文印书馆
郦道元《水经注》	世界书局
《朱子语类》	正中书局
李毓澍编译《中国历史地图》	里仁书局
程光裕等主编《中国历史地图》（上册）	文化大学出版部
程发轫《春秋左氏传地名图考》	广文书局
齐召南《水道提纲》	商务印书馆
岑仲勉《黄河变迁史》	里仁书局
《钦定书经传说汇纂》	商务印书馆

第五章　从《金縢》篇看周公的忠荩

一、前言

周武王十一年二月二十七日甲子[①]，率诸侯兵在牧野一战，灭殷商而有天下。到十三年的时候，周武王不幸生了一场大病，当时非常危急。这时就整个天下局势说，还没有十分安定，而各种法典制度尚待建立。周公深恐武王万一有所不测，则国家社稷亦将随之荡覆，所以他寝食难安。在计无可出的情况下，他决心向先祖列宗祈祷，并祈许以己身代替武王去死。

周公事先拟好了一篇祝祷辞，然后再铲平一块土地，先筑了太王、王季、文王三座神坛，然后又在三坛的南面筑了一坛，周公登此坛面北祷告，使史官宣读祝祷文，事后将祝祷文藏在用金属绳子捆扎的匮子里，并且告诉史官执事们不可将这件事张扬出去。

后来，三监率武庚反，周公奉成王命率师东征，三年而事毕定，周公即以《鸱鸮》诗贻王，王亦未敢诮公，于此亦可见成王对周公尚未十分信任。此时适有风雨大作，树拔禾偃，满朝文武百官无不惊恐，成王朝服，率三公卿士，准备穆卜决疑，当打开金縢匮的时候，竟赫然发现周公愿代武王死的祝祷辞，经证实以后，成王感动得泣不成声，一场误解始化为乌有，史因其事作《金縢》之篇。

可是《书序》却说："武王有疾，周公作《金縢》。"这说法是不对的。周公所作为祝祷辞，其他部分是史官记述的。唐孔颖达为《尚书》写《正义》的时候就已经看出来了，所以他说："武王有疾，周公作策书告神，请代武王死，事毕，纳书于金縢之匮，遂作《金縢》。凡序言作者，谓作此篇也。案经，周公策命之书，自纳金縢之匮，及为流言所谤，成王悟而开之，史序其事，乃作此篇，非周公作也。"《东坡书传》卷十也说："《金縢》之书，缘周公而作，非周公作也。周公作金縢策书尔。"

到了蔡沈著《书经集传》的时候，说得就更为清楚了。他说："武王有疾，周公以王室未安，殷民未服，根本易摇，故请命三王，欲以身代武王之死，史录其册祝之文，并叙其事之始末，合为一篇。以其藏于金縢之匮，编书者，因以《金縢》名篇。"这见解，历元、明、清并无异说，只是大家的引据不同而已。如说得再浅近些，金，是金属；縢，是绳子；金縢，就是金属的绳子。因篇中有"以启金縢之书"的记载，所以取名《金縢》。

现在我们所要特别提出来一说的就是《金縢》篇的次序，就《尚书·周书》的篇次说，假如我们认定经文所载"周公居东二年”是东征的话，那么《金縢》就应该排在《大诰》以后，而现在却排在《大诰》以前，似乎不合逻辑。之所以如此，是由于周公作“册书”之时，是在武王克殷后的第二年，此时东方尚属平靖，《大诰》无由而作。而《金縢》既缘周公之“册书”而作，虽成书较晚，为配合“册书”的年代，所以也只好排在《大诰》的前面了。其次还有一点必须说明，就是经文中所言及的《鸱鸮》诗，就时间说也应该在《大诰》之后，这只要一披阅经文马上就可以发现。由此也正可说明《金縢》篇排在《大诰》前的原因是不妄的。这两个问题解释清楚以后，现在就可以循着经文探讨其大义了。

二、大义探讨

（一）事端的缘起与经过

武王灭殷后二年，生了一场大病，而且相当严重。这时就天下大势而言，表面上看是统一了，殷人好像也顺服了，其实并没有这样简单，从《多方》、《多士》等篇的诰语中，我们就可以得到证明。这种局面，假使武王还能继续统治下去的话，尚可相安无事，不致有什么大乱子，可是偏在此时，武王身染重疴，而且有生命危险。在这种情形下，朝中大臣，尤其是宗室大臣难免忧心忡忡，都希望武王能转危为安，早日痊愈，继续治理天下的诸侯。可是在他们想尽各种方法仍不能使武王的病情减轻的情况下，最后也只有用占卜来问吉凶了。所以经文一开头就说：

既克商二年，王有疾，弗豫。二公曰：“我其为王穆卜。”周公曰：“未可以戚我先王。”公乃自以为功，为三坛同墠（shàn）。为坛于南方，北面，周公立焉；植璧秉珪，乃告太王、王季、文王。②

意思是说：“在战胜殷商的第二年，武王生病了，身体感到非常不适。于是太公望、召公奭与周公协议说：‘既然如此，那么我们不妨为王穆卜来问一下吉凶吧！’周公说：‘这样做，恐怕不易感动我们的先王。’于是周公乃决定自我奉献，想以己身代武王死。他命人首先铲平一块土地，然后筑了三座神坛，又在三坛的南面筑一坛，周公登临其上，面向北，事先摆好璧，自己手里拿着珪，向太王、王季、文王作虔诚的祷告。”

在这段记载中，有四点需要特别说明。

第一，在当时来说，求神问卜是一种风尚，世界上任何民族都经过此一阶段，这是大家公认的事实。更何况占卜在当时，公家还设有专门机构来掌理。如《洪范》七“稽疑”一项就是很好的证明。除了稽疑外，更有“庶征”一项来观察各种征兆，以判断施政的得失。因此，三公的主张“穆卜”，虽不能看作当然，但起码是合于当时习俗的。

第二，周公阻止二公的“穆卜”，而决定以己代武王死，这绝不是明知不可代而故意以这种举措来施行诈欺以邀名。假如是邀名的话，他一定会公开他的行为，即使当时不公开，事后也要透露一点消息，让大家知道他的用心，最起码也应该让太公、召公知道，但这件事，一直到天降雷雨，成王启金縢之匮才发现，足见其忠诚不二之心与坚贞之志，实属志士仁人的作为。至于“死”不可代，周公何尝不知，只是在当时，计无所出，但求心之所安罢了。郝敬说：“学者读《金縢》，但当思圣人忠孝诚敬，近切至情，而不必奇其事。方其请代，惟知臣为君死，何暇计事之有无，而藏册金縢，亦何期后日见知？惟自尽其心。至于受命如响，莫之致而至也。”[③] 这话我们不仅非常同意，而且这也正是我们要说的。

第三，蔡氏对“穆卜”的解释，以为“古者国有大事，卜，则公卿百执事皆在，诚一而和同以听卜筮。”蔡氏之意，认为“穆卜”是一种大礼，朝中文武百官均应出席参与，在诚一而和同的情况下，以听命于卜筮。假如是这样的话，周公绝对没有阻止的理由。同时太公、召公也不可能被阻止。因此，我们认为“穆卜”的穆字，作敬、严肃解较为合理。

第四，未可以戚我先王的“戚”字，《尚书》研究者对这个字有三种不同的解释。一为郑康成，把戚字释为忧，意思是说：“不可去忧愁（烦恼）我们的先王。”二为伪孔传，把戚字释为近，意思是说：“武王不可以亲近我们的先王。”这无异直接否定武王不可以死的意思。万一你们穆卜的结果是凶，又将如何呢？刘逢禄又将“近”字的意思看作亲情远近的“近”，认为穆卜不足以接近先王，意思是说，穆卜毫无用处。三为吴闿生《尚书大义》，把戚字释为戚然心动，意思是说：穆卜不能感动先王，使武王不死。我们则以为第三种说法最为可取。因为穆卜的用意就是要感动先王保佑武王，现在既然不能起任何作用，为什么还要穆卜呢？这正是周公不欲为二公所知的托词。周公之所以要代武王而死，既不是挟诈，更不是邀誉，实由于他的深思远虑所致，唯恐武王一死，周代的社稷就岌岌难保，同时他自己也难逃其灾祸。所以他宁愿以己身之不保代武王而死，这不远胜于国家、社稷的不保吗？这完全是出于一片真诚而向神明祷告的。所以即使是对二公，亦不愿让他们知道。如果我们能着眼于此，就更加可以发现周公舍己为国的伟大了。

（二）由祝祷辞益见周公之忠诚

周公于当前情势，既然见之真、体之切，是以其祝祷之辞也愈见其忠荩纯诚。经文说：

史乃册祝曰：“惟尔元孙某，遘厉虐疾；若尔三王，是有丕子之责于天，以旦代某之身。予仁若考，能多材多艺，能事鬼神；

乃元孙不若旦多材多艺，不能事鬼神。

乃命于帝庭，敷佑四方，用能定尔子孙于下地；四方之民，罔不祗畏。

呜呼！无坠天之降宝命，我先王亦永有依归。

今我即命于元龟，尔之许我，我其以璧与珪，归俟尔命；尔不许我，我乃屏璧与珪。”④

意思是说，于是周公就请太史宣读事先作好的祝祷文说：“你们长孙发，得（患）了重病，非常危险。你们三位先王在天之灵，实有保护长孙不死的责任，如欲其死，就请让我旦来代他死吧！我仁厚而孝顺，又多才多艺，事奉在三王神灵左右，绝对能使你们称心如意。可是你们的长孙不像旦这么多才多艺，在你们神灵左右事奉不会使你们称心如意的。

“可是他却受命于帝庭，普有四方，为天下的共主，因他能安定你们的子孙于人间，同时四方的人民也没有不敬畏他的。

“唉！既然如此，就不要轻易地丧失上天所降给我周朝的宝位大命，这样我历代先王的神灵就可以永久地得到祭祀而有所依靠了。

“现在，我就请命于元龟，你们三位先王如果许可我的请求，我就把璧与珪献上，然后回去等待你们的命令。假如三位先王不答应我的请求，那我就把璧与珪藏起来，不奉献给你们了。”

这段祝祷辞，带给我们的感受是：

第一，《尚书》研究者对《金縢》篇的作者虽有异议，然对这段祝祷辞为周公所作则交口称是，迄今尚未看到不同的说法。

第二，此段祝祷辞，大致可分三个层次：从“惟尔元孙某”到“罔不祗畏”为第一层次。自“呜呼”到“永有依归”为第二层次。从“我即命于元龟”到“屏璧与珪”为第三层次。

第三，在第一层次中，周公所表现于文字的是一片纯诚，忠心为国，完全从大处着眼。套句现在的话说，完全是为了群体的利益根本就不曾考虑到自己的存亡，这种风范实在令人敬佩叹服，可永远作为公务员的楷模与准则。我们探讨周公的忠荩，应从这方面着眼。当然他所用的方法，今日来看未必正确，可是我们应当师法的乃其精神，乃其为国不二的忠诚，乃其为民族万世不朽基业的奉献。代死固不可能，可是话又说回来，我们处理公务，如能秉持必死的忠心，请问，还有什么事情不能完成？又有什么困难不能克服？

其次容易引起误会的是：在经文中，周公曾说他自己“多材多艺”，胜过武王。这绝不是他自夸，我们也曾一再提及过，圣人有谦德，不可能矜伐自己的才能。这里的“多材多艺”是他为了求得先王的欢心，许可代武王死而所作的一时的自誉之词，只要通览前后文，马上就可发现周公说这话的意思，绝非自夸而贬抑武王，实在是想代武王死所以才这样说的。

至于周公自言“予仁若考”，这不是反映武王的不仁不孝吗？其实也不对。我们看看下文：“乃元孙不若旦多材多艺，不能事鬼神”，而并没有再说“不若旦仁若考”的话，这不就更加可以证明不是说武王不仁不孝吗？周公特别提出的是“多材多艺”，是想借此而取得先王的欢心，而一时所作的权变的说法，但绝不是自夸。

蔡沈《书经集传》卷四说：“死生有命，周公乃欲以身代武王之死，或者疑之，盖方是时，天下未安，王业未固，使武王死，则宗社倾危，生民涂炭，变故有不可胜言者。周公忠诚切至，欲代其死，以输危急，其精神感动，故卒得命于三王。今世之匹夫匹妇，一念诚孝，犹足感格鬼神，显有应验，而况于周公之元圣乎？是固不可谓无此理也。”可是话又说回来，假如先王不答应周公的请求，而一定要武王死，就是武王死了，也没有事奉鬼神的本领。若不死？则能治国理民，一展其大才。所以不可让武王死啊，而当以己身代之。周公的心志，表现得又是何等的忠诚明白？

第四，在第二层次中，仅仅只有十七个字，却表现了深远的义蕴。宝命，我们在注释中说过，是指天子的大位而言。坠，是丧失、丧亡的意思。前一层次，周公既然说了武王是如何能安定子孙于下土，四方的人民又是如何敬畏他。在这种情况下，人民、国家，是一日不可没有武王的。

假如先王在天之灵，不保佑他，不允许周公代武王死，那就无异于自动地丧失上天所降给大周天子的宝位。这不仅会使周代灭亡，同时周代历代先王的神灵也将永远绝祀而无所依归！这话又是何等沉痛、感人！如无真心诚意，是很难说出来的。所以王樵说："天下初定，民心易摇，武王一身，下则子孙黎民，所赖以安定，上则先王庙祀，所赖以依归，三王若不任其保护之责，而使天降之宝命一失，则不惟下地之子孙不得安定，而先王亦无其所依归。感动三王，最在此数语。"[⑤] 这话正是我们要说的。

第五，就第三层次说，经文中的元龟，就是大龟[⑥]，古人赖以占卜，以测吉凶。就现在出土的甲骨文来看，则多为卜辞，足可证明我们的见解不诬。这里的"即命于元龟"，是用大龟占卜，来测知三王是否应允，而元龟无形中也就成了人神之间的桥梁。元龟的表现也就无异于传达了先王的命令，所以下文说："尔之许我，我其以璧与珪。"璧与珪，是祭祀用的物品。《周礼疏》卷十八《大宗伯》说："以玉作六器，以礼天地四方。"郑注说："谓始告神时，荐于神坐，周公植璧秉珪是也。"

璧与珪既为祭祀用的礼品，或荐或执，应各有其数。孙星衍说："自命龟以下，至屏璧与珪，皆命龟词也。"这大概是在占卜前，先把自己心中的意图向元龟说明，然后再开始占卜，最后就着所占卜的结果以测吉凶。不过我们仅就命龟词的最后一句来看，已够使人感动的了。当然，占卜的结果是吉，一切均不成问题，如果是凶呢？周公所以"屏璧与珪"实在是无可奈何的做法。这种做法无异说："盖武王丧，则周之基业必坠，虽欲事神，不可得也。"[⑦] 张九成也说："武王若死，事未可知：大位者，奸之窥；危病者，邪之伺；异时三监之畔，周公之先见微矣。"这话真可说是一语中的，再透彻不过了。在此情况下，周公又怎能不忧心忡忡，于无计可施之时以祈求先王保佑武王而代之以死呢？其语不仅沉痛感人，而其忠心尤可为后世法。

（三）诚应病瘳，周公乃仁忠之至

我们常说“精诚所至，金石为开”这句话，也常拿“可使顽石点头”一语来作比喻。周公欲使四方的人民免遭涂炭，这是仁。在一线希望未幻灭之前，而不肯放弃职守，这是忠，所以终于完成了他“三龟一习吉”的愿望。经文说：

乃卜三龟，一习吉。启钥见书，乃并是吉。

公曰：“体，王其罔害，予小子新命于三王，惟永是图，兹攸俟，能念予一人。”

公归，乃纳册于金縢之匮中，王翼日乃瘳。⑧

意思是说：“于是就三王各卜一龟，所卜的结果，全部是吉祥的，然后再打开简册来对照一下所载的占辞，也都是吉利的。

“周公于是很欣慰地说：‘以卜兆之象看来，我王将不会有什么灾害的。三王刚才告诉我，我王将起而图治永久的基业，以治理天下。现在我所要做的，就是安心地等待先王的命令，我早就知道，他们会顾念我的这番苦心的。’

“周公从祭坛回去以后，就把向三王祷告的册文藏在用金属绳子捆束的匮子中。到第二天，武王的病就好了。”

这段记载说明了周公从祝祷以后占卜的过程与结果，在这里我们要特别提出来一述的，那就是“金縢匮”的问题。前文既然言及周公不欲任何人知道他欲代武王而死，此处又把祝祷辞及占卜的结果藏在金属匮子里，这不是有意要成王知道吗？假如是这样的话，周公那就难以洗雪他的奸诈了。因为这种藏器，是专门藏占卜策书用的，凡是王家大臣有所占卜，均应藏于其中，周公之藏，也不得不然。这不是行诈，而是礼数。所以宋蔡沈《书经集传》卷四说：“金縢之匮，乃周家藏卜筮书之物，每卜，则以告神之辞，书于策，既卜，则纳策于匮而藏之，前后卜皆如此。故前周公‘乃卜三龟，一习吉，启钥见书’者，启此匮也。后成王遇风雷之变，欲卜启金縢者，亦启此匮也。盖卜筮之物，先王不敢亵，故金縢其匮而藏之，非周公始为此匮，藏此策祝，为后来自解计也。”这话说得很合情理，就经文以说经义，应该可信。

以上是周公为武王祝祷的缘起、过程与结果，自成段落。以下所载，为武王丧、成王立、周公摄政、东征种种事端的聚合，史官叙之，与前文合为一篇。以下我们依循前序，予以探讨。

（四）周公行其当行，不为流言所动

经文说：

武王既丧，管叔及其群弟，乃流言于国，曰：“公将不利于孺子。”周公乃告二公曰：“我之弗辟，我无以告我先王。”

周公居东二年，则罪人斯得。于后，公乃为诗以贻王，名之曰《鸱鸮》；王亦未敢诮公。[9]

意思是说：“后来武王既已崩殂，由周公摄政当国，于是管叔及其群弟就散布谣言于国中说：‘周公将要篡夺成王的王位。’于是周公就把这件事告诉太公望、召公奭说：‘我之所以不避流言的中伤而摄政当国的主要原因，是恐怕天下叛周，将无以告我先王。’

“后来周公奉成王命率师东征，经过整整两年的时间才把反叛的罪人全部俘获而绳之以法。等到管、蔡、武庚被诛杀流放以后，周公就作了一首名为《鸱鸮》的诗送给成王，成王看了，心中虽是不以为然，可是也未便责备周公。”

在这段叙述中，我们认为有四点值得特别提出来加以讨论。

第一，武王既丧，管叔及其群弟流言于国：“公将不利于孺子。”武王丧后，何以会发生此种事情？前贤言之者虽多，愚以为唯蔡沈之言最为切理，他说：“商人兄死弟立者多，武王崩，成王幼，周公摄政，商人固已疑之，又管叔于周公为兄，尤所觊觎，故武庚、管、蔡流言于国，以危惧成王，而摇动周公也。史氏言管叔及其群弟，而不及武庚者，所以深著三叔之罪也。”[10]

第二，是“我之弗辟，我无以告我先王”这句经文。在注释中，我们举出五种说法，似乎都可以讲得通，可是我们参考诸说之后，认为《史记·鲁周公世家》所载最为可取。孙星衍、刘逢禄亦主此种说法。刘氏说：“说此经者，墨子（按：《耕柱》篇）、蒙恬（按：《史记》本传），下至马、郑及伪孔诸说，谬乱不可胜辨。惟《鲁世家》云：‘我之所以弗辟而摄行政者，恐天下畔周，无以告我先王，于是卒相成王’得之。”这见解是对的，因为这不仅是一种道德勇气，同时更是职责所在。当武王崩逝，礼乐未举，制度未立，天下岌岌之时，请问谁来支撑此一大局？管叔以兄长之尊，习俗又承殷商之后，以兄终弟及为当然而播散流言，以周公不利于孺子，于此情况下，假如周公避不摄政，或避居东都，国家将沦落到什么地步？我们再看前文，周公死且不避，还会避流言？假如这点眼光都没有，还能成其为周公？这就是我们何以独取史公说法的唯一因素。

第三，周公居东二年，罪人斯得：讨论这个问题的人，或以为居东，是周公避居东都，或避居商奄。而罪人斯得，是指周公的属党全为成王所获。我们对于此一看法，不敢苟同。我们有足够的资料和理由来打破这种成见。这种说法的始作俑者可能是出于墨子，在《墨子·耕柱》篇有这样的记载：“周公旦，非关（管）叔、辞三公，东处于商盖（奄）。”然而《列子·杨朱》篇却说：“周公居东，诛兄放弟。”先哲所言不同，将何所依从？此盖孟子所谓：“好事者”为之的吧！显不足信。我们的根据则有：

（1）《史记·周本纪》说：“武王有瘳，后而崩，太子诵代立，是为成王。成王少，周初定天下，周公恐诸侯畔（叛）周，公乃摄行政当国。管叔、蔡叔群弟疑周公，与武庚作乱，畔周，周公奉成王命，伐诛武庚、管叔，放蔡叔。”

（2）《鲁周公世家》说：“周公恐天下闻武王崩而畔，卒相成王，管、蔡、武庚等果率淮夷而反，周公乃奉成王命，兴师东伐，作《大诰》，遂诛管叔，杀武庚，放蔡叔。”

（3）《诗经·豳风·破斧》说：“周公东征，四国是皇。”皇，正也，匡也。四国，郑笺说：“管、蔡、商、奄也。”

（4）《诗经·豳风·鸱鸮》说：“既取我子，无毁我室。”按：《诗》序说：“《鸱鸮》，周公救乱也。”朱子《诗集传》引申此说，并与史公所言相同。而《毛传》说：“宁亡二子，不可以毁我周室。”《毛传》所说二子，就是指管叔和蔡叔。由此说来，此诗大概作于东征以后。

由以上四则记载可以确知周公的居东就是东征，而绝不是避东都或商奄，其理甚明。再说“罪人斯得”这句经文中的“罪人”，指的是管、蔡、武庚，当甚明显。根据《破斧》诗疏引《书传》的说法是：“武王杀纣，继子禄父及管、蔡流言，奄君薄姑谓禄父曰：‘武王已死，成王幼，周公见疑矣，此百世之时也，请举事。’然后禄父及商奄畔。”[11] 这就是所谓流言的所由起。管、蔡、武庚既然先播流言，继之又行反叛，其为罪人，似乎不需多说，因有以周公之属党为罪人的说法，特在此不惮烦地多说几句，权作赘言吧！

不过“罪人”尚有一解，那就是俞樾的《群经平议》，他说：

“今按：罪人斯得之文，即承周公居东二年之后，是周公得之，而非成王得之也。所谓得之者，谓得流言之所自起也。上文曰：管叔及其群弟，乃流言于国，此自史臣事后纪实之辞。若当其时，则但闻公将不利于孺子之言，播满国中，其倡自何人，传自何地，非独成王与二公不知，虽周公亦不知也。及居东二年，乃始知造作流言者，实为管蔡，故曰罪人斯得。”俞氏以居东非东征，故有是言。我们则认为居东则是东征，因此我们并不认同俞氏的见解。

第四，关于《鸱鸮》诗作成之时间。就经文所载：“于后，公乃为诗以贻王。”于后，郑康成以为居东二年以后，其实就是东征二年，罪人斯得之后。如就诗中所言“既取我子，无毁我室”，《毛传》来看，也是在东征后二年。《毛传》说：“宁亡二子（管、蔡），不可毁我周室。”很显然，就是东征后二年所作。

清姚际恒《诗经通论》说：“按‘于后’之辞，是既诛管、蔡而作。恐成王犹疑其杀二叔，故作诗贻之。或必从郑氏解书之义，以辟为避，以居东为居国之东，因主此诗为未诛管、蔡之前作，曰：‘以《鸱鸮》为武庚。’庚既已诛，岂犹虑其毁王室耶？诛管、蔡后，殷人尚未靖也，安得不虑其毁王室乎？又曰：‘使此诗作于殷人畔后，则所云未雨绸缪者谓何？’不知此谓武庚虽诛，殷民不靖，正当蚤为计耳。”所言甚是。

马通伯《毛诗学》引陈氏的话说：“诗作于东征二年之后，周公未归时也。故次在东山前。”马氏则有更精辟之见，他说：“东征之役，古今聚讼，夫变起仓卒，公既摄政，不应引嫌自避，则郑氏以为避居东都者非也。然骨肉之间，一闻流言，遽兴师征，朱子晚年又疑其事，窃谓无可疑也。周公之东征，特提兵镇慑，使其祸不至蔓延，而又不亟于致讨，万一叛人革面，犹可曲全，所以为仁至义尽，不然一戎衣而有天下，殄殷小丑，奚待二年哉！史臣知之，故不曰东征，而曰居东，不曰诛武庚、管、蔡，而曰罪人斯得。圣人哀矜恻怛之心，并当日情事，皆昭然若揭矣。后之说者，多昧之。”马氏的话，甚能发人，我们另外也就不再赘言了。

（五）雷雨惊邦人，成王发金縢

汉董仲舒《春秋繁露》卷八《必仁且知》第三十说：“天地之物有不常之变者，谓之异，小者谓之灾，灾常先至，而异乃随之。灾者，天之谴也，异者，天之威也。谴之不知，乃畏之以威，诗云：‘畏天之威。’殆此谓也。凡灾异之本，尽生于国家之失，国家之失，乃始萌芽，而天出灾异以谴告之，谴告之而不知变，乃见怪异以惊骇之，惊骇之尚不知畏恐，其殆咎乃至，以此见天意之仁，而不欲害人也。”这段话虽然富有迷信色彩，但亦不无其理。

《皋陶谟》说：“天工人其代之。”天，实际上不能有所作为，必由人而代为作为。人既代天工，那就应当本天意而为，不应有所违背，如小有违背，天即小有示警，大有违背，即大有示警，以期其改过自新，实则“天亦不欲害人也”。只是人不自知而自害罢了。成王以幼冲的年龄即天子位，又长于深宫之中，本无所知，最易为流言所惑，此亦理之常，幸有三公的辅弼，而国家始得不坠，此亦托天之大幸，然而成王反不知周公之忠荩，这就难免遭天之示警了。所以经文说：

秋，大熟，未获。天大雷电以风，禾尽偃，大木斯拔；邦人大恐。王与大夫尽弁，以启金縢之书，乃得周公自以为功，代武王之说。二公及王，乃问诸史与百执事。对曰：

“信。噫！公命，我勿敢言。”

王执书以泣曰：“其勿穆卜。昔公勤劳王家，惟予冲人弗及知；今天动威，以彰周公之德，惟朕小子其新逆，我国家礼亦宜之。”[12]

意思是说：“周公东征二年后的秋天，五谷大熟，可是在尚未收割之前，老天忽然雷电交加，风雨大作，所有谷禾全都被吹倒了，就连大树也被连根拔起。这时国人都恐慌得不得了。于是成王和朝中官员们都穿上朝服，打开用金属绳子所捆束的匮子，想取出里面所藏的册书，与将要穆卜的兆象相印证，以决所疑。但他们却赫然发现周公宁愿以身奉献三王，代替武王死的祝祷辞。这时太公望、召公奭及成王就向史官及各执事询问这件事情是否是真实的，他们回答：‘是真实的。唉！这是周公的命令，所以我们不敢说出来。’于是成王便手执周公的祝祷辞，哭泣着说：‘不需要穆卜了。从前周公一心一意地为国家勤劳尽忠，我这个幼童竟然不知道，现在上天发怒，来彰明周公的忠悃圣德，当他班师回朝的时候，我将亲自到郊外去迎接，就国家的礼制来说，这也是非常适当的啊！’”

这段话道出了周公的自然伟大以及忠心为国的圣德。代死，固不可能，然其用心可敬。至于其藏书金縢之匮，亦不得不然，非故意藏于此器以待成王的来启。宋林之奇早已先得我心。他说：“周公之藏书金縢也，徒以是事不得不藏，非预知天时有风雷之变，而嗣王必将启缄以卜之也。成王之启书于金縢也，亦以其将卜之，不得不启，非素知公有请死之册，将取而观之也。启缄而遂知周公之心，此岂人力之所能为哉！”⑬

（六）雨霁反风，圣德以明

经文说：

王出郊，天乃雨，反风，禾则尽起。二公命邦人，凡大木之所偃，尽起而筑之，岁则大熟。⑭

意思是说：“当成王亲自迎出郊野的时候，天就晴了（或说：雨就止了），风也朝相反方向吹，因此，仆倒的谷禾也都竖立了起来。二公就命令国人把仆倒的大树统统扶起来，并且将根部捣实，使一切都恢复原来的样子，于是这一年仍然是一个大丰收年。”

这段话，就整个情势说就好比周朝自武王崩后，经过一阵风风雨雨，由于周公的平乱、规划、治理，终于又恢复了平静一样。所以吴闿生《尚书大义》引其先大夫的话说：“此周史故为奇诡，以发挥周公之忠荩，所谓精变天地，以寄当时不知之慨，不必真以天变为周公而见也。”是言得之，所谓“诚者天之道也。诚则明矣，不诚无物。”思诚则为人之道，天地之道，往往有不期然而然者，《金縢》实深寓此义。

三、结语

综观《金縢》全篇，可分为两大部分：武王既丧以上，自为始末，此亦周公以身代死的缘起、经过与结果。主旨在发明周公忠荩不二的诚心。武王病危，天下岌岌，某国大臣，唯见生死，不见私情，这种公而忘私，舍己为国的伟大情操，为国人树立了永远不可磨灭的风范。

武王既丧以下，盖为史官摭拾各事，附加在《金縢》的后面，借《金縢》之名而缀述成篇。一则说流言祸国自祸，再则论周公东征，以《鸱鸮》诗来表明自己的心迹，三则借天变以彰周公圣德，四则言岁大熟以明社稷又恢复了往日的宁静，倒令人有一种否极泰来、剥极必复的感觉。就经文说，事出非一，语义亦感隐晦，致使解《尚书》的人各执所见，难有一致的看法。然天理人事，往往间不容发，有其事，必有其理，有其理，却不必有其事。事在人为，天道往复，无响不应。我们如能处处以此为断，其取舍之际当不难抉择，又何必痛言其他？！

就文义说，也可以分成两个层次，一为表彰了周公的“忠”，再则说明了武王身系宗国的“重”。我们就着经文所载不难发现，周公的祈祷固为忠诚的表露，但他的忠诚却是多方面的，因此，他的祈祷，我们可以说，不仅是弟为兄，臣为君，而且更是为先王，为苍生，为万世社稷。就当时来说，武王实一身系天下之安危，假如此时武王有什么不测，则天下大势实不可挽回。

经文虽不曾明载武王崩于何年，但据后人所考，我们采取折中的说法，崩于克殷后四年，当不会相差太远。以当时情势说，可谓天下已定，然而尚有流言之惑，殷人之叛，奄之不服，淮夷的造反，使整个周室几乎不保，如在克殷后二年而丧，其情势难道不更为严重？王樵说：“《金縢》一篇，周公之事，首尾明著，以旦代某之身，一为周家大业，一亦为成王之幼也。又四年而崩，成王才十三耳，武庚、三监犹且有变，使武王遂丧于克殷二年之后，则意外之变何如哉！故周公与太公、召公同心同德，以身任天下之重，而岂知管、蔡不平于旁，武庚伺衅于下，虽然以顺讨逆，在王室自有大义存焉，在周公则身被流言。”于此周公的处境，也就可以想见了。

然而周公确实不愧为圣人，他不但明达，而且更有道德勇气。明达则能辨是非、察利害、知忠奸；有道德勇气，则能坚定立场，不放弃职守。因此对周公其他的记载，像居东都、奔楚、奔鲁的说法[15]，我们一概摒弃，仅取东征一说，因为《豳风》诸诗所载及《史记》所述[16]与《金縢》所书，皆能昭然相合，我们实在没有理由舍弃经史的正理。

【注释】

① 有关武王克殷之年月日，请参王国维著《观堂集林·生霸死霸考》及《孔孟学报》第三十五期朱廷献著《武王克殷考》二文。

② 克商二年：克，作胜解。《史记·周本纪》："十一年伐纣。"克商二年，当为武王十三年。

王有疾，弗豫：王，武王。豫，作安、悦、怿解。《说文》作悆（yù），喜也。

二公：太史公说为：太公、召公，即姜太公望、召公奭也。

我其穆卜：我，谓我们，第一人称多数词。穆，作敬解，亦有严肃之意。蔡氏谓：有诚一和同之意。

戚，有二解：一为郑康成，"忧也，言未可以告先王使之忧戚也。"一为吴闿生《尚书大义》，谓："戚然心动。言徒卜未足以动先王也。"

公乃自为功：公，周公也。功，太史公作质，蔡沈作事解。又功，贡也。《周礼·太宰》五曰赋贡。注云：贡，功也。贡，献也。言以身献之于先王也。此处有代武王死之意。

为三坛同墠：为，筑也。筑土而使之高曰坛，即祭坛也。除地而使之平曰墠。三坛，指太王（古公亶父）、王季（季历）、文王各为筑一坛。

为坛于南方，北面：谓另在三坛之南，筑一坛，周公登此坛面北、向祖先祝祷也。郑康成云："时为坛墠于丰，坛墠之处，犹存焉。"按：丰，周邑名，在今陕西户县东。《汉书·地理志》："鄠（户）丰水，出县东南。"

植璧秉珪：植，太史公作戴。郑氏谓乃古置字。秉，持也，执也。珪，史公作圭。按：戴，亦植之意。汉熹平石经、《论语》置其杖而芸，今作植，是置、植古通用之证。

③《钦定书经传说汇纂》卷十二引。

④ 史乃册祝曰：史，即太史或史官。孙星衍谓："史佚也。"册，太史公作策，二字通用。策，书也。祝，《说文》谓："祭，主赞词者。"郑氏云："策，周公所作，谓策书也。祝，读此简书以告三王。"

惟尔元孙某：惟，语词。元孙，长孙也。某，太史公作王发。发，为武王名。江声《尚书集注音疏》谓："以父前子名之谊，则告太王、王季、文王，当名武王称元孙发。今此讳发而云某，必由后来成王开金縢之书，得此册文读之，不敢斥名而云某，后录书者，从成王之读，因遂作某。其实周公册书本作发字。"推理甚切，可从。

遘厉虐疾：遘，遇也，逢也。厉，危也，一云同疠，疫疠也，为一种瘟疫，亦即传染病。虐，恶也。

是有丕子之责于天：是，与实通，见俞樾《群经平议》五。举《泰誓》“是能容之”，《礼记· 大学》作“实能容之”为证。是也。丕子，说解不一，伪孔传解作大子。马融读如字，是与伪孔传同。盖谓实有（保护）太子之责于天，谓疾不可救于天。太史公作负子，孔颖达《正义》谓负人物也。大子之责于天，言负天一大子也。然清人朱彬云：“负，抱也。有鞠育之义。”见其所著《经传考证》八，汉京本经解二十册，一五二〇八页。然章太炎先生《太史公尚书说》又谓：“负子之责，本指三王，负子者，所谓襁负其子。《诗》‘螟蛉有子，蜾蠃（guǒ luǒ）负之。’传：‘负，持也。’然则或负或抱，通得称负，质言之，则保育其子耳。”宋蔡沈则释为元子。盖武王为元子，三王当任其保护之责于天，不可令其死也。朱骏声《尚书便读》释丕为不，子为慈，责，谪也，罚也。言若不救，是将有不慈之过，为天所责。曾运乾释丕子为“布兹”，谓为弟子助祭以事鬼神者之役。意谓三王在帝左右，如需执贱役、奉事鬼神，旦尤能举其职，故请以旦代某之身也。我们则认为太史公作“负”为是。其义则取朱彬、章太炎之释。

予仁若考：若，作而解。“考”字之释亦纷：太史公《鲁周公世家》作巧；王念孙《经义述闻》谓：“考、巧古字通。”是仁若考，乃“仁而巧”也；然俞樾则又以为“仁”字为“佞”字之讹，“佞”乃有才之谓，如人自谓不佞，即不才之意，“佞而巧”与下文“多材多艺”相对为文；宋苏轼释考为孝，见《东坡书传》卷十；蔡沈释考为祖考；于省吾《尚书新证》谓：“金文考、孝通用。若，而也。予仁若考者，予仁而孝也。”本文取苏、于二氏之说。

能多材多艺：能，太史公以能属上句读，作“旦仁若考能”，孙星衍从之。然俞樾以为“能”字即“而”字，二字通用。如履六三：眇能视、跛能履。李氏集解本“能”皆作“而”。虞注曰：“眇而视、跛而履”。又如《盐铁论》：“忠焉能勿悔乎？爱之而勿劳乎？”崔骃《大理箴》：“或有忠能被害，或有孝而见残。”皆“能、而”通用之证。是俞氏以“能”字属下句读。是也，本文从之。

敷佑四方：敷、溥、普三字文异义同。佑乃俗字，当作右，而读为有。《仪礼·有司彻》篇右几，郑注曰：“古文右作侑，右侑通用。”故右有亦得通用。古书声同者，义亦多同，古书多假借，以声为主，不泥其形也。敷佑四方者，普有四方也。以上见俞樾《群经平议》五，汉京本《续经解》十九册，一四九七〇页～一四九七一页。又王国维《观堂集林》云：“盂鼎作匍有四方”即普有天下之意。与俞氏说同。

用能定尔子孙于下地：用，作以解。定，安定之意。下地，即地上，有人间之意。此对帝庭言。

罔不祇畏：祇，太史公作敬。此谓四方之民无不敬畏之意。

无坠天之降宝命：坠，当为队，《说文》：“从高队也。”失也。降，下也。宝，珍也。太史公作葆，盖古通用。宝命，即宝位，指天子之大位、尊位而言。

我先王亦永有依归：永，长久也。依归，犹言依恃、依靠、依止之意。

今我即命于元龟：元龟，马融云："大龟也。"即，蔡氏谓："就也。"伪孔云："就受三王之命于大龟，卜知吉凶。"命，告也。凡占卜，必先告龟以所卜之事，故云命龟也。又凡占，以大龟为宝。今我即命于元龟者，乃言今我往三王坛下各卜一龟之意。

尔之许我：马融云："待汝命武王当愈，我当死也。"尔，三王也。之，作若解。

我其以璧与珪：其，乃也，就也。以，用也。用璧与珪献之于神也。

我乃屏璧与珪：珪，太史公俱作圭。屏，《广雅释诂》云："藏也。"谓不献于神也。按：武王崩，周代亡，即欲献，亦无从献矣。此句洵有味也。

⑤《钦定书经传说汇纂》卷十二引。

⑥ 马融注《西伯戡黎》云："长尺二寸"。《白虎通·蓍龟》篇引《礼三正记》："天子龟长一尺二寸，诸侯一尺，大夫八寸，士六寸。"

⑦ 蔡沈语。见所著《书经集传》卷四。

⑧ 乃卜三龟：三龟，谓三王各卜以龟也。然卜之时，乃三人，《洪范》云："三人占，则从二人之言。"

一习吉：一，有全部、皆、悉之意。习，重叠，即一皆重吉之意。

启钥见书：启，开也。钥，简属。书，占兆之辞。王引之《经义述闻》卷三云：“书者，占兆之辞。钥者，简属，所以载书。故必启钥然后见书也。启，谓展示之，下文以启金縢之书与此同。……钥，占兆之辞书所载也，故并言之。”然钥之释，尚有作“藏卜兆书管”解者，见陆德明《尚书释文》引马融语。今人曾运乾、高本汉从之。郑康成则以为钥是开锁之键。三说以王氏为优。

乃并是吉：有二解：一为指占卜之结果，皆为吉祥（吉利）。一为俞樾谓指武王与周公皆可不死，故为吉。并，又作逢，且引《论衡·卜筮》篇为证。如作逢解，此句即为：王与周公逢是吉也（均可不死）。本文采第一说。

体，王其罔害：体，谓兆象也。俞樾解为“幸”，谓幸运也。罔，亦作无。谓据兆象，王病无害之意。

新命于三王：太史公作“新受命”，即由兆象知三王之意。有三王刚刚告诉我之意。

惟永是图：谓武王既然无害，将起而图治永久之王业也。

能念予一人：念，顾眷也。指三王。予一人，指周公。“一人”之称，此时周尚未为定制，是以任人均可称一人。如定制，当为天子自称之词，他人又何能称之？

金縢之匮：匣也。为专藏占卜册书之器。外以金属绳捆扎，故名。瘳，愈也。

⑨ 武王既丧：有关武王崩丧之年，说法有五：其一，太史

公以为在克殷后二年（见《史记·封禅书》）。其二，郑康成以为在克殷后四年（见《诗·豳谱》疏）。其三，《周书》（即《逸周书》）中的《明堂》篇以为在克殷后六年。其四，简朝亮以为在克殷后五年（见《尚书集注述疏》）。其五，董作宾谓崩于克殷后七年（见所著《西周年历谱》，载中研院史语所《傅斯年纪念论文集》下）。以上五说，未知孰是。

管叔及其群弟：管，国名，叔鲜，封于管（今河南郑州）。群弟，指蔡叔度、霍叔处也。管叔，孟子、史公均以周公兄（见《孟子·公孙丑下》及《史记·管蔡世家》）。

乃流言于国：流言，谓散播谣言之意。一谓无根据之言。

公将不利于孺子：公，指周公。孺子，稚子，谓成王。

我之弗辟："辟"字之释不一：其一，《史记正义》音避，乃避之假借，谓不避流言而摄政当国也。其二，伪孔传："辟，法也。"其三，马、郑音避，谓避居东部。其四，《说文》：辟，法也。又以臂从辟，治也。又壁，亦作治也解。江声即以辟作臂，作治解，此又以辟为壁之假借。其五，曾运乾《尚书正读》，以辟作君解，谓即君位之意。本文采太史公说法。

周公居东二年：居东，谓东征也。

罪人斯得：罪人，谓管、蔡、武庚也。斯，尽也。

贻，遗也。《鸱鸮》，《诗经·豳风》有《鸱鸮》之篇。该序云："《鸱鸮》，周公救乱也。成王未知周公之志，公乃为诗以遗之，名之曰《鸱鸮》。"诮，史公作训，郑氏康成作责让解。

⑩ 见蔡沈《书经集传》卷四。

⑪ 见简朝亮《尚书集注述疏》卷十三引。

⑫ 秋，大熟：秋，郑氏谓："周公出二年之后，明年秋天也。"按：即周公居东二年罪人斯得以后秋也。亦即《东山》诗所云："自我不见，于今二年"之时。

偃，作仆解。斯，作尽解。拔，连根拔起之意。弁，史公作朝服。功，贡也，献也。史公作质。

乃问诸史与百执事：问，郑氏谓："问审然否也。"史，史官，或谓太史、史夫也。

王执书以泣者：郑氏曰："泣者，伤周公忠孝如是，而无知之者。"曾运乾云："泣者，成王悔悟也。"

其勿穆卜：因遭天变，故开金縢之书以卜，今真相大白，何以卜为？言不必穆卜也。

惟予冲人：冲，史公作幼。伪孔传云："言己童幼，不及知周公昔日忠勤。"蔡氏云："昔周公勤劳王室，我幼冲不及知。"

今天动威，以彰周公之德：伪孔传云："发雷风之威，以明周公之圣法。"蔡氏云："今天动威，以明周公之德。"此谓上天发怒示之以雷雨暴风之变，以明周公尽忠王室（国家）之大德之意。

惟朕小子其新逆：史公无"新"字。马融"新"作"亲"。郑云："新迎，改先时之心，更自新以迎周公于东与之归，尊任之。"按：此应为周公东征回朝、成王亲迎之意。其，将然之词。新，为亲之假借字。古新、亲往往通用。《大学》：在亲民，程子即云：亲，当作新。逆，作迎解。

我国家礼亦宜之：吴闿生《尚书大义》云："褒德报功，尊尊亲亲，礼所宜也。"

⑬ 见林之奇著《尚书全解》卷二十六；汉京本《通志堂经解》十一册，六八七二页。

⑭ 王出郊：谓成王出郊亲迎周公也。

天乃雨：雨，王引之《经义述闻》卷三谓："《琴操》说周《金縢》曰'天乃反风霁雨。'据此，则古文之天乃雨，今文当作天乃霁，雨止为霁。故《论衡》以止雨代之也。"是天乃霁，有雨止天晴之意。

反风，禾则尽起：谓风反向而吹，所偃仆之禾，全部又竖立而起之意。

凡大木之所偃：为凡所偃之大木之倒装句。

尽起而筑之：起，扶起之意。筑，《释文》谓筑其根。《说文》谓所以捣也。捣土使硬之意。

⑮ 周公奔楚之说见《史记·蒙恬列传》。奔鲁之说，见《琴操》、简朝亮《尚书集注疏》卷十三，三三〇页引。

⑯《豳风》诸诗，如《鸱鸮》，乃周公救乱之诗。《东山》，周公东征之时。《破斧》，周公东征之诗。《伐柯》，美周公之诗。《九罭》，美周公之诗。《狼跋》，周公摄政，远则四国流言，近则成王不知，周大夫美其不失其圣之意。《史记》所述，见《周本纪》及《鲁周公世家》。

第六章　周公告成王以“无逸”，乃治国之本

一、前言

在未探讨大义以前，首先要说明的有以下三点。

（一）“无逸”二字的形体与意义。就形体说，无，一作毋，又作亡，有三种不同的写法。逸，一作佚，又作劮，太史公以淫泆为说，是有四种不同的写法[①]。如就读音说，在古代则没有什么分别。像这种情形，我们如套句训诂学上的术语说，那就叫做同音通假了。因同音字在古代多同义，所以可互相借用。如就意义说，无逸，就是不可以逸乐、淫逸的意思。就一国之君说，逸乐，尤其是淫逸，是所当力戒的，自古以来，凡是有国有家的人，从没有不以勤奋而兴盛，也没有不以贪图逸乐而败亡的。就人民说，勤奋，则可以成功、立业；逸豫，就只有亡家败身一途了。无逸的“时义”又是多么的深远啊！

（二）《无逸》篇的作者及作意。周公作《无逸》，这是《尚书》研究者一致的主张。时代最早的是《书序》，它说：“周公作

无逸。”其次就是太史公司马迁。他在《史记·鲁周公世家》中说：“周公恐成王壮，治有所淫泆，乃作《毋逸》。”宋蔡沈《书经集传》也说：“成王初政，周公惧其知逸而不知无逸，故作是书以训之。”自此以后，历元、明、清以至民国，凡治《尚书》的人，无不以《无逸》篇为周公戒成王之作。然而我们只要稍一检视篇中，就会发现“周公曰”有七次之多。周公是一位大圣人，应有谦德，何以自称周公？我们认为这是史官在记述或编录时所加上去的，并不是周公自称。这只要一检视其他篇章，如《多士》、《君奭》、《多方》、《立政》等篇，马上就可以领悟到，这所有的“周公曰”，都是史官所加的了。

（三）本篇大要。此篇既为周公训诲成王所作，而其重点大要则在使成王知稼穑的艰难，尤为人民所依。所以全篇多用“呜呼”发端，以期悚动其德，坚定其性，不仅深入于耳，更要铭记于心，然后方能由无逸而不怠于政。又因成王长于深宫之中，不曾劳其筋骨，苦其心志，而竟在幼冲之年即天子大位，如骄怠之心一萌，那么一切就不可复问了。所以用此反复为训，谆谆告诫，并借殷代贤王的作为相警勉，更用文王的成就相提命，又以“敬德”方可“无愆”、“无怨”为所盼。最后，则以“嗣王其监于兹”作结。言语之间，那种忠君、爱国、保民的情怀真可说是溢于言表了。

二、大义探讨

周代商而有天下，文王启沃于前，武王膺命于后；由于周公的制礼作乐，而纲纪法度始得粲然大备。于天下大定之后，成王以幼稚的年龄而承景命，“非有栉风沐雨之难，而遂据此富贵之势，非有殚精疲神之劳，而遂享此治安之效，则逸豫之心，不期生而自生矣”[②]。是以周公在他即政之初，逸豫未萌之前即谆谆告诫，期望成王继志承业，无忝其先。在这里，也就可以看出周公的用心既深且远了。

大贤的洞烛机先，未雨绸缪的作为，诚令人钦仰，这大概就是周公之所以为周公的吧！兹循经文所载，探讨如下。

（一）当知稼穑之艰难，无逸乃逸

我们常说“忧劳所以兴邦，逸豫所以亡身”，这句话确是至理名言。所谓忧劳，也就是无逸、勤奋的意思。也唯有时时以无逸自勉，刻刻以勤奋自励，方可期于“乃逸”，是以周公戒成王说：

呜呼！君子所其无逸。先知稼穑之艰难，乃逸，则知小人之依。[③]

意思是，周公用极欲感动成王的语气对他说：“噢！你要记着，凡是居官在位的人，均当时刻深自警惕，千万不可贪图逸乐（居无逸之所）。应先知耕种的艰辛困难，然后方可得安逸，这样才能真正了解人民的痛苦所在。”

知道人民稼穑的艰难，方知爱惜民力，敬授民时，方能自奉俭约而惠爱人民。我们就常理来说，往往喜好逸乐，未必就能得逸乐，也只有从“无逸”中，方可得到逸乐，这才是真逸乐。

苏东坡说：“艰难，乃所以逸。”[④]就是此意。今人常说“牺牲享受”方可“享受牺牲”，可能就是由此处体会得来。

我们推想周公一开始，就以“稼穑之艰难”相诫勉，这可能是由于周代的祖先们自后稷就以农事立国的关系，他们历代相传，相与咨嗟吟叹，服习于艰难，而歌咏其劳苦。周的王业既由此而兴，也就难怪而以此相互诫勉了。所以在《诗》，则有《七月》之什[⑤]，以时令的推移说明农桑的种植情况。在《书》，则有《无逸》之篇，以稼穑的艰难，强调小民所依。总之，不外借此而诫勉成王：国家的安定、太平，常由敬畏而产生，而混乱不安常由骄逸而滋起，不可不以此存心，不可不以此自勉。

（二）以小民之事为喻，告以不可据今而卑昔

人不可忘本，应当时刻想着之所以能有今日，那是由昨日的推移而来。世事的演变，均不出此原则。所以周公就用这个道理告诫成王说：

相小人，厥父母勤劳稼穑，厥子乃不知稼穑之艰难，乃逸，乃谚既诞。否则侮厥父母曰："昔之人，无闻知！"⑥

意思是说："不然的话，你也可以看看那些无知的小子们，他们的父母为了养活他们，一辈子勤劳地耕种，可是这些小子却不知稼穑的艰难，只知逸豫享乐，甚至大加放纵其凶恶的行为(或说为：他们既已长大，就更加放纵凶恶)，于是就轻侮他们的父母说：'你们这些老古董，什么也不懂，根本就没有知识！'"

像这种情况，在现今的社会中，尤其是乡村，可以说是经常见到。这些子弟们生长在安乐之中，根本就不知道什么是疾苦，不仅纵情挥霍，反而视其父母为无知之辈、老古董，这又是多么的可笑！

宋蔡沈《书经集传》卷五说："昔刘裕奋农亩而取江左，一再传，后子孙见其服用，反笑曰：田舍翁得此亦过矣。此正所谓昔之人，无闻知也。使成王非周公之训，安知其不以公刘、后稷为田舍翁乎？"这个例子举得太好了，使我们可以深深体会到，一个农夫的儿子在饱暖的情况下尚且不知艰难为何物，更何况是生长在深宫中的王子呢！在这里，不就更能看出周公训告成王是多么的必要吗?

（三）以殷王中宗之无逸乃逸，故能享国久相勉

周公鉴于殷王享国久的人都是由于不敢荒宁所致，是以他用警惕的语气说：

呜呼！我闻曰，昔在殷王中宗，严恭寅畏，天命自度。治民祗惧，不敢荒宁。肆中宗之享国，七十有五年。⑦

意思是说："我听说，在前代殷王中宗的时候，由于他具备了庄重、谦抑、钦肃、戒惧四德，以天理自我约束。在治民方面，他又能敬谨戒惧地时刻自我惕厉，并且深知人民的劳苦，不敢荒废自安，所以他能享国（在位）达七十五年的长久时间。"蔡沈《书经集传》说："严则庄重，恭则谦抑，寅则钦肃，畏则戒惧。"这话说得不错。也唯有如此方能以天命之理自为法度，而时刻戒慎恐惧于人民的治理。这种无逸之理、无逸之君的兼举并称，我们认为最能收到告诫的效果。

（四）以殷王高宗，无逸乃逸之实相劝

周公接着说：

其在高宗，时旧劳于外，爰及小人。作其即位，乃或亮阴，三年不言；其惟不言，言乃雍。不敢荒宁，嘉靖殷邦。至于小大，

无时或怨。肆高宗之享国，五十有九年。[⑧]

意思是说：“当高宗的时候，因他在未即位前，就奉命在民间居住了一段很长的时间，与人民相出入，所以最了解民间疾苦，等到他即位以后，因遭父丧守制三年，在这三年之中，他没有言及政事，这只是他不说罢了，如一说出来，就没有不使人和悦顺从的。他从来不敢荒怠自安，所以才能把殷国治理得那样美善安乐，以至于全国上下的群臣百姓连一个怨恨他的人也没有。因此，他的享国也有五十九年的长久时日。”这是殷高宗由无逸所取得的实际效果，在当时，不仅化行俗美，而且四方安乐，是以享国亦能久远。

(五) 以殷王祖甲的惠保于民，不敢侮鳏寡相告

周公说：

其在祖甲，不义惟王，旧为小人。作其即位，爰知小人之依；能保惠于庶民，不敢侮鳏寡。肆祖甲之享国，三十有三年。[⑨]

意思是说：“到了祖甲，他以为父亲立少不立长是不合理的，因而逃亡在外，做了很久时间的平民，由于他对民间疾苦了解得很清楚，所以等他即位以后，不仅能保护、惠爱人民，即便是孤苦无告的人，也不敢轻忽。所以祖甲的享国，也有三十三年之

久。”这则实例，无异于告诉成王，唯有深切了解民间疾苦，或是有民间生活体验，知道稼穑的艰难，而一旦身为国君，方可惠爱人民，保护人民，针对人民的需要厘订施政计划，以解除人民的疾苦，改善人民的实质生活，然后也就可以享长治久安的乐趣了。

（六）以殷王之耽乐、生逸而不得享年久相警示

以上是周公借着殷王中宗、高宗、祖甲的敬慎民事，以无逸为逸，而得以长久享国的实例，设若不如此，仅图自逸，而不以稼穑之艰难是勉、是戒，那就难享长年之乐了。所以周公紧接着就提出殷王“生则逸”的例证，以戒成王，他说：

> 自时厥后，立王生则逸；生则逸，不知稼穑之艰难，不闻小人之劳，惟耽乐之从。自时厥后，亦罔或克寿：或十年，或七八年，或五六年，或四三年。⑩

意思是说：“从中宗、高宗、祖甲以后，被立为王而继位的人，自幼就生长在安乐的环境中，不知道稼穑的艰难，也没有听到过小民的劳苦，只知一味地放纵于淫乐，从此以后，也就没有能在位长久的了。有的十年，有的七八年，有的五六年，更有的仅仅三四年。”这段话，与前文克永享年的实例恰好成为对比，一则以无逸为逸，一则生而逸不知稼穑之艰难，其相去之远，又

如何能以道里来计呢？

蔡沈《书经集传》卷五说：“凡人莫不欲寿而恶夭，此篇专以享年永不永为言，所以开其所欲，而禁其所当戒也。”宋林之奇于所著《尚书全解》卷三十二中说：“周公之戒成王，盖欲其享国长久，与天地相为无穷，其爱王之心，可谓至矣。而其所以享国之长久者，则在于无逸，以是知周公爱君之深，所谓爱君以德者也。”蔡、林二氏的话，对成王来说，固为格言、大训，然对一般人来说，又何尝不是金玉良言？

平心而论，唯有无逸，方可以致寿，而耽乐纵欲，适足以亡身。古人说：“目爱采色，命曰伐性之斧；耳乐淫声，命曰攻心之鼓；口贪滋味，命曰腐肠之药；鼻悦芬芳，命曰熏喉之烟；身安舆驷，命曰召蹶之机。此五者，所以养生，亦所以伤生。则肆逸豫者，最为害之大，代性殒寿，所以起也。”[11]我们看了这些忠告，能不惕然而悟吗？而无逸致寿、逸乐殒身的道理，在这里也就可以全部明白了。

按：以上周公所举三宗之例，并不是说所有即位为天子而得享永的帝王，一定都要居民间而后方知“小民之依”，只不过此三帝的事实如此，正合周公告成王之意，故举以为例罢了，这也并不意味着殷代的贤王只此三人。孟子说：“由汤至于武丁，贤圣之君六七作。”[12]即为有力证明。

（七）远举太王、王季，近举文王，以明无逸乃周之家法，其来有自，以期成王入耳铭心

商为异代，周为本朝，其之所以能代商而有天下，推其本源，端在于无逸，故周公即以先王为例，告诫成王说：

呜呼！厥亦惟我周太王、王季，克自抑畏。文王卑服，即康功田功。徽柔懿恭，怀保小民，惠鲜鳏寡。自朝至于日中昃，不遑暇食，用咸和万民。文王不敢盘于游田，以庶邦惟正之供。文王受命惟中身，厥享国五十年。⑬

这是说："周公告诫成王：自我大周的太王、王季，就能自我谦抑，敬畏天命。我文王更能恶美服、尚节俭，并亲自从事稼穑安民、养民的工作。他具有和柔恭谨的美德，又能行悉心保护人民、惠爱鳏寡孤独使各得其生的仁政，往往从早上到中午，甚至到太阳偏西的时候，尚且不能从容进食，为的是要和顺人民，使他们融洽相处。文王从来不敢乐于游逸田猎，只是与众诸侯每天唯恭谨于政事。在中年的时候，他才受命为西伯侯，在位五十年。"在这一段告语中，我们把周公所说的话分成四个层次：

1. 叙述其先王的谦抑敬畏。蔡沈《书经集传》卷五说："商，犹异世也，故又即我周先王告之，言太王、王季能自谦抑谨畏者，盖将论文王之无逸，故先述其源流之深长也。大抵抑畏者，无逸之本，纵肆怠荒，皆矜夸无忌惮之为。"这话不错，一个人如能

处处谦抑敬畏，又何敢自逸？

2. 述说文王卑服节俭，唯从事于安民、养民的工作，他那种和柔恭谨的态度，以及悉心照顾小民、惠爱鳏寡的情怀，更是使人钦仰叹服。《墨子·兼爱》篇有一段赞美文王的话说："文王之治西土……不为大国侮小国，不为众庶侮鳏寡，不为暴势夺穑人黍稷狗彘；是以老而无子者，有所得终其寿，连独[14]无兄弟者有所，杂于生人之间，少失其父母者有所，放依而长（按：放依同义）。"正是说明此段经文的含义。我们如果分析墨子这段话，也有四层意思可说，那就是：第一，不强凌弱、众暴寡。第二，使老人得以赡养。第三，使无助的人得以成就其事业。第四，使少失父母的人有所长养、依靠。一位国君在推行政令的时候能做到这四点，哪还有什么遗憾呢？

3. 阐述了文王工作的神态。他在工作的时候，往往为了使万民和顺融洽而连从容进食的时间都没有。《史记·周本纪》说他日中不暇食以待士，士以此多归之。而后来周公的"一沐三捉发，一饭三吐哺，起以待士，犹恐失天下之贤人"[16]，不正是受了文王的感召而来？而今周公又以此来告诫成王，这正是周家的家法，成王如何能不口诵心记，虔敬以行？

其次说明文王每天唯有和众诸侯恭敬地推行政事，绝对不敢耽乐游逸田猎。不过在这里要说明的，是不敢有所过，而不是不田猎。如《孟子·梁惠王下》篇引夏谚说："吾王不游，吾何以休，吾王不豫，吾何以助，一游一豫，为诸侯度。"这是"游、田"

的正当行为，又为什么要避免？再如《左传·隐公五年》说："春蒐、夏苗、秋祢、冬狩，皆于农隙以讲武事也。"[17] 这也是"田、游"的正当行为，又何可废？过此而为，才是文王所不敢的呢！这一点，我们要分辨清楚。

4. 说明文王之受命为西伯，虽在中年，然而却能享国五十年，并得其大寿。推其原因，也是由于他能无逸所致。按：《吕氏春秋·季夏纪·制乐》篇说："文王即位八年而地动，已动之后，四十三年，凡文王立国五十一年而终。"《韩诗外传》的说法与《吕氏春秋》同。经文说文王在位五十年，可能是举的成数。又按：《礼记·文王世子》篇说："文王九十七乃终，武王九十三而终。"如以在位五十一年数计，那么他即位为西伯侯的时候，正好是四十七岁，与经所说尚能符合。

（八）以无逸乐、无酗于酒以规成王之行

以上周公所告诫于成王的，多为由无逸而得以享国久的实例，欲借此实例来启示其向善、效法、力行的心志。现在话题急转直下，乃以成王本身所当为者立言，期能使之切己体察，奉行不怠，是以周公说：

呜呼！继自今嗣王，则其无淫于观、于逸、于游、于田，以万民惟正之供。无皇曰："今日耽乐。"乃非民攸训，非天攸若，

时人丕则有愆。无若殷王之迷乱，酗于酒德哉！[18]

意思是说："所有自今以往承袭君位的嗣王们，均祈望他们不要贪享于歌台舞榭之乐，更不可浸淫于逸乐、田猎中，当在全国人民的政事上倍加恭谨。也不可遽然说：'今天姑且淫乐一次吧，明天就停止了。'要知道，这种行为绝不是顺民、顺天的事，千万不可像商王纣那样迷惑淫乱，过度于酒的行为啊！"

这段话，我们认为所特别强调的，就是"无皇曰：今日耽乐"一语。因"耽乐"之念一萌，其放纵之心即不可收。为防微杜渐，故特戒之告之。在这里，也就可以看出周公的用心了。

林之奇《尚书全解》卷三十二说："夫自古人君之耽乐也，岂以其害治而为之哉！盖以为无害也。彼自以为终岁忧勤，惟一日之耽乐，有何不可哉？然'兢兢业业，一日二日万几'（按：见《皋陶谟》），而危亡之几至于万数，故一日之勤，则有一日之效，一日之逸，则有一日之害。……盖人君不可有逸豫之心，苟有其心，则日复一日，月复一月，岁复一岁，浸淫横流，而不可遏矣。"所谓逸豫之不可启，道理在此。苟无逸豫之心，虽逸豫一时，亦无妨，苟有逸豫之心，虽无逸豫之行，而心则不敬于政事矣。为君当慎于此，为民又何尝不应慎于此？

（九）以古代淳朴之风习相期勉

周公说：

呜呼！我闻曰："古之人犹胥训告，胥保惠，胥教诲，民无或胥诪（zhōu）张为幻。"此厥不听，人乃训之；乃变乱先王之正刑，至于小大。民否则厥心违怨，否则厥口诅祝。[19]

意思是说："噢！我听说：'古代的人，犹能相互告诫勉励，相互保护爱扶，相互教导、劝诲，所以人民没有相互诳骗诈欺的行为。'而今，如不能从古人之法，那么在官的人将要顺着私意去做，最后乃至变乱先王的政教法度，至于大小，无所不用其极。这时人民不但于心中违背怨恨，而且在口中也会时出恶言而痛加咒骂啊！"

从这段话我们会想起《孟子·滕文公上》篇所说"出入相友，守望相助，疾病相扶持，百姓亲睦"的乡习俗风。这在地方上来说，无异于一股庞大的安定力量，固然可造成敦睦和洽的淳朴风尚；而就政府来说，又何尝不可使官员之间砥砺节操，陶养品德，以正官箴，以兴惠爱人民，服务社稷的宏愿？由这段话，我们可以想象到周公心目中的社会风气。

蔡沈《书经集传》卷五说："叹息言古人德业已盛，其臣犹且相与诫告之，相与保惠之，相与教诲之。惟其若是，是以视听思虑，无所蔽塞，好恶取予，明而不悖，故当时之民，或无敢诳诞为幻也。”设若不然，执政者，任意变乱先王便民的法度，那就将要遭到人民的怨诅了。如省刑罚，这是先王重视人民生命的表现；又如薄赋敛，这是先王厚重民生的举措，人民当然会感到方便。如政不出此，而一任己意的胡作非为，那么人民就将不仅违怨于心，可能还要进一步地咒骂于口了。一旦形成了人民对于政府的心口交怨，那么国家即使不危也要危，不亡也要亡了。此治乱存亡之机，周公的所虑又是如何的深远啊！

（十）以四哲为典范，勉成王自敬其德

能敬其德，则可明察，能明察，即可知言，能知言，即可知人，能知人，则可安民。是以“古之欲明明德于天下者，先致其知”，而致知又以修德为本。周公深明此理，所以他又进一步告诫成王说：

呜呼！自殷王中宗，及高宗，及祖甲，及我周文王，兹四人迪哲。厥或告之曰：“小人怨汝詈汝。”则皇自敬德。厥愆，曰：“朕之愆，允若时。”不啻不敢含怒。此厥不听，人乃或诪张为幻。曰：“小人怨汝詈汝。”则信之。则若时，不永念厥辟，不宽绰厥心；乱罚无罪，杀无辜，怨有同，是丛于厥身。[20]

意思是说：“从商王中宗、高宗，到祖甲，以及我大周的文王，这四位君王，都是由修德而进于明哲，如有人告诉他们说：‘小民

怨恨你，詈骂你。’他们听了之后，就会马上遽自敬谨省察自己的行为。如听到议论他们的过失，他们马上就说：“这实在是我的过错。”因此他们不但不敢含怒于人，尚且还想能多听到一些有关他们的议论，以明了自己的施政得失。假如现在的君王不能这样做，一遇到有人诳骗诈欺说：‘小民怨恨你，詈骂你。’他就信以为真，要是这样的话，这位君王不但不会经常地深思国家的刑法，同时更不会宽广自己的心胸；不但不知省察敬谨其行为，反而会乱罚无罪的人，乱杀无辜的人。这样一来，天下的怨当然也就会合聚集在他的身上了。”

这段话，对一位年轻君王来说确实有振聋发聩的作用，是暮鼓，也是晨钟，更是当头棒喝。要知道，一位修德不厚、阅历不深、观察不切的人，往往容易自是自满，而目空一切。如能把这种自是自满、目空一切的心态转变为谦抑敬畏、恭肃勤劳，进而宽以待人，严以律已的话，那就正是周公的用心所在了。不过要想做到这一步，也确实不容易，闻人之怨詈而能一发于中心之诚，出于从容的体悟，不仅可以恕人，而且更可以反己，这非有高深的修养，或像四哲的明达是很难做到的。因此，他才会上小人的当，为其诈骗所蒙而不自知；更不知以法是念，使心胸开张。唯知斤斤计较，乱杀无辜，乱罚无罪。这样，如何又能不使怨恨集于一身？

蔡沈于此所见甚切，他说：“大抵无逸之书，以知小人之依为一篇纲领，而此章则申言既知小人之依，则当蹈其知也。三宗文王，能蹈其知，故其胸次宽平，人之怨詈，不足以芥蒂，其心如天地之于万物，一于长育而已。其悍疾愤戾，天岂私怒于其间哉！天地以万物为心，人君以万民为心，故君人者，要当以民之怨詈为己责，不当以民之怨詈为己怒；以为己责，则民安而君亦安，以为己怒，则民危而君亦危矣。吁！可不戒哉！”[21]这段话，真可说是把经旨发挥得淋漓尽致，再透彻也不过了。蔡氏实先得我心之所同然。平心而论，人君如能以修德止怨，那么怨恨将可自消；如以怨止怨，唯杀罚是用，那就要怨恨更甚，一旦溃决，将不可收拾了。修德，所以明察纳；广心胸，所以能容人，舒民气。周公的为邦本国脉计，真可说是既深且远了。

（十一）呼嗣王以“于兹”是勉，尤见周公之用心

周公说：

呜呼！嗣王！其监于兹！[22]

意思是说：“嗣王啊！应当以无逸为戒啊！”周公这最后的叮嘱，诚如蔡氏所说：“言有尽而意则无穷。”[23]人君得此进言，能不切己体察，而奋厉自勉吗？自此之后，终成王之世，天下太平，生民安乐，而竟致“刑错四十余年”[24]，而且成王在临终时，尚能敬谨不辍[25]，由此亦可见成王确实为一治世之君，而周公的用心也终于得到了实现。

三、结语

（一）我们检阅《无逸》全篇之余，在文势上，周公于言语之间凡七次转折，每一转折即用“呜呼”发端，以尽其咨嗟咏叹之意，而其含义也就跟着更进一层。这使我们深深感觉到，这位老人不仅阅历深，见闻广，而且对事理的看法又是这样的明确、透辟，他那慈祥、关怀、爱护的神态就好像展现在我们的面前。这也让我们觉得，在我们面前，好像真的有这样的一位老人家，时时对我们加以指导、教诲，又该是多么的幸福！而做起事来，又是多么的平稳、切实、有信心、有勇气！

（二）就全篇大旨来说，可以说是既以“无逸”始，又以“无逸”终。只不过，首先由当知稼穑的艰难，人民所依为发端，然后即以商代的三位帝王为鉴，而不可安逸是勉。其次，再以当朝的祖先，自太王、王季的谦抑敬畏开始，到文王的“卑服”、“康功、田功”，“徽柔懿恭”、“怀保小民”、“惠爱鳏寡”、“以庶邦惟正之供”相戒，使成王知所依据、反省，进而效法而力行。再次，就是戒其本人勿“淫于观、于逸、于游、于田”。再其次，就是以古人的相告、相保、相教诲是勉。最后，再提示以四哲为鉴，以“皇自敬德”善于察纳、广大心胸、宽容小民为归，以见天地之化万物，亦如君王的治万民作结，其层次之分明，义理之深刻，即与当代文献相较，亦不多让。

（三）现在我们读《无逸》之篇，在观念上，不能再把它看作是帝王之学，应把它看作人人为学、创业、立德、为人、处世的龟鉴，不管从哪一方面说，我们都需要《无逸》来做支柱，做后盾，做方针。假如我们能善用《无逸》之理，生于斯世，立于斯世，我们将可永远处于不败之地。《钦定书经传说汇纂》卷十六引吕氏枏的话说："无逸恶乎久？曰：一以存性，二以养情，三以远害，四以广恩，五以立命，六以得民，七以得天。"吕氏以周公的七发端，各命以义，我们细体经文，则认为虽不能说最得其旨，但绝对可以说："虽不中亦不远矣。"于此，也就可以看出《无逸》篇的价值所在了。

【注释】

①《尚书大传》作毋，《周本纪》作无，《汉书·梅福传》作亡。毋，有禁止之意。逸，《尚书大传》作佚，《周礼·庾人》注，杜子春云：佚，当作逸。汉《熹平石经》乃逸作乃劮。逸，有乐、豫之意。无逸，即无得逸乐以怠政之意。

② 为宋人林之奇语，见其所著《尚书全解》卷三十二，六九七八页，汉京本《通志堂经解》第十一册。

③ 郑康成谓："呜呼，将戒成王，欲求以深感动之。君子，止谓在官长者。所，犹处也。君子处位为政，其无自逸豫也。"蔡沈谓："所，犹处所也。君子以无逸为所，动静食息，无不在是焉。"吴闿生《尚书大义》则谓："其，期之借字。"按：其、期，《广韵》同为渠之切，群母之韵。既为同音，当可借用。期，有

希望、希冀之意。如依此义为释，则为：君子所期冀者，乃不可安逸也。

无逸：即不可安逸、逸豫、淫逸之意。

依：有二解：一为依赖也。蔡氏谓："指稼穑而言，小民所恃以为生者也。"一为《白虎通·衣裳》篇云："依，隐也。"《国语·周语》："劝恤民隐。"注：隐，痛也，有疾苦之意。此谓小民之疾苦也。

④ 见《东坡书传》卷十四。艺文印书馆《百部丛书集成·学津讨原》五。

⑤ 见《诗经·豳风》。

⑥ 相小人：相，视也。小人，小民也。谓彼无知之小子。

乃逸：谓唯知一味逸豫享乐之意。

乃谚既诞：乃，犹其也。谚，段玉裁以为其本字应作喭。《论语·先进》篇云："由也喭。"《集解》引郑云："子路之行，失于吸喭也。"《皇疏》引王弼云："喭，刚强也。"按：吸喭，即恣睢强悍之意，犹今言放纵凶恶之意。诞，今文作延，长久之意。亦长大之意。

否则：犹于是也，否，汉石经作不。

侮：作轻忽解。

昔之人：谓古之人，犹今人谓某人为老古董。

无闻知：谓无闻无知也。即无知识、老土之意。

⑦ 中宗：旧说皆以中宗为大戊。如《史记·殷本纪》及郑玄

笺《商颂·烈祖》诗序，乃至清之孙星衍、简朝亮等，均主此说。唯至王国维始以为祖乙。今人多从之。是也。

严恭寅畏：严，马融作俨，矜庄也。即庄重之意。恭，谦抑也。寅，敬也。畏，慎惧也。

天命自度：天命，蔡氏谓天理。度，量也。汉石经作亮，段玉裁以为量之假借。

不敢荒宁：荒，《周书·谥法》云："好乐怠政曰荒。"宁，安也。

肆中宗之享国：肆，作故解。享，犹飨。享国，犹言在位。

⑧ 高宗：蔡氏谓："武丁也。未即位之时，其父小乙使久居民间，与小民出入同事，故于小民稼穑艰难，备尝知之也。"

时：是也。一作寔。

旧：史公作久。

暨：作与解。

作：及也。一作始解。

亮阴：一作谅暗，《大传》作梁暗。马融云："亮，信也。阴，默也。为听于冢宰，信默而不言。郑康成云："谅暗转作梁暗，楣谓之梁，暗谓庐也。小乙崩，武丁立，忧丧三年之礼，古倚庐柱楣，不言政事。"此盖言居丧之礼也。

嘉靖殷邦：嘉，善也。靖，安也。

小大：犹上下，指百姓群臣言。

⑨ 祖甲，不义惟王：祖甲，武丁子帝甲也。惟，为也。以

为王不义，故云。马融云："祖甲有兄祖庚，而祖甲贤，武丁欲立之，祖甲以王父废长立少不义，逃往民间，故曰不义惟王，久为小人也。"

保惠于庶民：保，安也。惠，爱也。

侮鳏寡：侮，轻忽之意。鳏寡，指穷苦无告之人。

⑩ 惟耽乐之从：耽，过于乐也。从，当读为纵，有放纵不知收敛之意。

克寿：谓能在位长久也。非谓人身之寿考也。

或四三年：徐乾《中论》引作三四年。然《汉书·杜钦传》，亦引作四三年，盖古史变文，以见八七、六五之例也。

⑪ 见宋林之奇《尚书全解》卷三十二，汉京本《通志堂经解》十一册，六九八四页。

⑫ 见《孟子·公孙丑上》篇。此六七贤圣之君，大概言之，为：汤、大甲、大戊、祖乙、盘庚、武丁，六作也。其在祖甲，则七作矣。见简朝亮著《尚书集注述疏》下册，四七五页。

⑬ 太王、王季、文王，武王即位，封其先世，以其父封文王。以其祖季历，封王季。以其曾祖古公亶父封太王。

克自抑畏：谓能自谦抑敬畏也。

卑服：有二解：一为蔡氏谓："犹禹所谓恶衣服也。"一为卑，贱也。服，事也。谓卑贱之事也。以第一解为优。

康功：康，安也。功，事也。谓安民之事也。

田功：即农事，谓养民之事也。

徽柔懿恭：徽，和也，善也。懿，美也，即和柔、美恭之意。柔必和、恭必美，方合中道。

怀保小民：谓抚爱保育之意。

惠鲜鳏寡：谓惠爱孤苦无告之人，使遂其生。鲜，生也。

日中昃，不遑暇食：昃，谓太阳过午以后偏至西方。遑，暇也。暇，闲也。此谓直至日中偏西无暇从容进食之意。

文王不敢盘游于田：谓文王不敢盘乐、游逸、田猎之意。

以庶邦惟正之供：正，政也。供，恭也。谓文王与众诸侯，唯政事是恭之意。

文王受命惟中身：谓文王受命为西伯侯（诸侯）已是中年之身矣。

⑭ 连，当读为逴（zhuó）。犹绝也，蹇也，独也。

⑮ 杂，当读为集。《广雅·释诂》云：“集，成也，就也。”此谓连独之人，得以成就其生业之意。

⑯ 见《史记·鲁周公世家》。

⑰ 蒐、苗、祢、狩：皆田猎名，亦以之习武。因四时而异。

⑱ 继自今嗣王：谓继自今以往，凡嗣世之王，皆当戒之。

则其无淫于观、于逸、于游、于田：则，语词，无义。然亦或谓法也，以无淫于观……为法则。其，祈令之词，亦有希冀之意。淫，放恣之意。谓浸淫不止也。观，朱骏声《尚书便读》卷四谓：“台榭之乐也。”此句谓：祈其毋过度于台榭之乐，毋浸淫于逸乐田猎也。

以万民惟正之供：正，政也；供，恭也。谓当以万民之政事是恭之意。

无皇曰：今日耽乐，皇，汉石经作兄，古音同。兄，况词。又作遽解。见吴闿生《尚书大义》。一作大解，见《说文解字诂林》释皇。此谓：不可遽然曰：只今日耽乐、明日则止也。

无若殷王受之迷乱、酗于酒德哉：受，即殷末王纣也。迷，惑也。酗，饮酒过度之意。德，行为。

⑲ 古之人犹胥训告：胥，作相解。训告，犹告诫。

民无或胥诪张为幻：或，作有解，诪读 zhōu，诪张，谓诬诳欺骗之意。幻，相诈惑之意。

此厥不听：听，作从解。谓不能从古之人胥训告、胥保惠……之意。

人乃训之：人，谓官吏。训，顺也。此句谓：在官之人，将顺其私意而为之意。

正刑：谓政教法度。

否则：否，当读为丕，丕则，谓于是也。

诅祝：犹诅咒也。口出恶言咒骂之意。

⑳ 兹四人迪哲：迪，解释不一，或谓语词，或谓作进解，或谓作道解。此处应作进解，有进德修业之意。哲，明智之意。

厥或告之：厥，其也。或，作有解。

皇：作遽解，一作大解。

厥愆，曰："朕之愆"：上一愆字，作訧（音 yóu，过失之

意。）议解。谓闻过失之议。下愆字，作过失解。

不永念厥辟：永，长久之意。辟，作法解。

不宽绰厥心：绰，亦作宽解，宽绰，乃同义字。

怨有同：同，会合之意。

是丛于厥身：丛，作聚解。此谓怨恨会合聚集一身之意。

㉑ 见蔡沈《书经集传》卷五注。

㉒ 监：同鉴，作视、察解。

㉓ 同 ㉑。

㉔ 见《史记·周本纪》。

㉕ 见《尚书·顾命》篇。